はじめて学ぶ人のための国語科教育学概説

市毛勝雄 序
長谷川祥子 編著

小学校

明治図書

序

本書は、国語教育の二つの基本的な性質に基づいて組み立てられています。それは次の二点です。
第一、日本語の漢字が、日本の文化を支えています。小学一年から学ぶ漢字については、画数が多くて書きにくい、読み方に統一性がなくて学習に困るなどの苦情があります。ところが、この漢字のおかげで日本の大学の全学部が日本語で講義を行い、日本の若者は母国語で全ての学部の大学教育を受けることができます。これは抽象概念の表記に優れた漢字のおかげです。現代語の漢字・漢語の用法を整理・改善しながら、日本語として大切に育てていきましょう。

第二、他教科と国語科とは、教科書の文章の役割が大きく異なっています。社会科・理科などの教科書の文章は、語句・内容の一つ一つが学ぶべき知識となっています。このため、内容の一つ一つを列挙したり表にしたりして、記憶する学習をします。これに対して、国語科教科書の文章は、話す・聞く・書く・読む能力を高めるための材料としての文章です。この観点を中心にして、よりよい学習指導法を研究していきましょう。

言葉一つ一つの背景には、長い文化の歴史があります。小学生は、学校の中で社会的な言葉文化に触れ始めている段階です。彼らを優れた言葉の使い手として根気よく育てていきましょう。

二〇一七年十一月

市毛　勝雄

まえがき

本書の特色は、次のようなものです。

1　従来の国語教育学の教科書は、国語科の授業については、ほとんど触れることがありませんでした。本書は三十人程度の児童が、一斉学習している場面を想定して記述しています。

2　従来は国語科の授業の概要を述べるに留まっていましたが、本書は日本語の語句や文章の特質を生かした読み方、書き方の具体的な指導法を記述しました。

3　本書では学習指導案を複数入れました。発問や指示をセリフで具体的に示しました。セリフがあることで、教材研究の成果を実際の授業の中で想定することができます。

4　これまで国語科の授業では、論理的文章の書き方を一斉授業で指導するという実践報告がありませんでした。本書の著者陣は、二十年ほどの実践研究の結果、児童が喜んで作文（小論文）を書く指導過程をつくり上げました。その指導過程を本書の中で紹介しています。追試験していただければ幸いです。

二〇一八年一月

長谷川　祥子

目次

第一章　国語科教育の全体像

第二章　学習指導要領国語科の本質

第三章　国語科の活動領域と授業

第四章　国語科教材と授業〈1〉—文学的文章

第五章 国語科教材と授業〈2〉—論理的文章

第六章　国語科教材と授業〈3〉―小論文を書く

第九章　学校教師の腕の磨き方

第一章
国語科教育の全体像

一　国語教育と国語科教育

国語教育とは国語に関する常識一般を対象として、乳幼児から児童、生徒、学生、社会人など生涯にわたる教育を視野に入れる。

それに対し、国語科教育とは学校教育を対象として、国語科という教科教育を指す。特に、小学校では日本語の「社会的使用」を体験させるのが主な目的となる。

母語としての日本語という観点から見ると、事物や事象を示す記号という役割だけでなく、思考や感情が日本語として表現される。乳幼児期から小学校に入るまでは、家庭が日本語の個人的使用を体験する場となる。初めに母親から言葉の一つ一つを学び、成長してからは父親を初めとする家族、テレビなどから自分の感情や思考を表現する教育を受ける。家庭での教育が多様化した現在では多くの変化が現れているが、子どもの多くが言葉を学ぶ積極的な姿勢をもっているということができる。

学校教育では、家庭教育に比べ社会に通用する言葉を教える場所となる。国語科授業では文字を学び、教師・友人の話を正確に聞き、文章の読み方や書き方、話し方を身につけ、言語表現する成果が期待されている。しかしながら、学級で友人と話し合ったり、喧嘩をしたり、協力し合って作品を仕上げたりして学ぶ、言葉の使用体験がより大切な学習である。多数の友人と話し合うことによって、家庭では得られない言語体験を経験し、その言語の共通体験に基づいて組み立てられるのが国語科授業である。このように考えてくると、国語科授業で社会化した言葉が普遍性のある言語であることを、子どもは実感することができる。

正確な言葉を使用するためには、各地域の社会、文化の歴史を背景にした数多くの約束がある。その約束を一つ一つ習得していくという大量な学習が、国語科の授業の実態である。小学生は理解力、表現力も習熟していない状態にあるが、学級のよく知っている友人とぶつかり合う学習によって、初めて正確な言葉の必要性という高度な学習ができる。教師は日本語の社会的使用を体験させる学習を意図的に位置づける必要がある。

中学校は日本語の読み書きを本格的に習得する時期である。友人も学級の中から、学年、他学年、部活動・委員会活動、地域活動へと広がり、それに伴って行動の範囲も拡大していく。共通の目的をもった先輩や後輩との交流も始まる。人間関係の広がりに従い、日本語の社会的使用の必要性を理解することができるようになる。敬語の使用の意義も次第に分かってくる。

中学校では日本語の基礎を学ぶことを指導の重点に置くことになる。文学教育は国語科授業の生活言語の上に築かれる高度な使用技術を学ぶことのできる分野である。

高等学校は日本語の論理的文章、文学的文章という区分を意識した読み書きを習熟する段階となる。社会の一員となるために、日本語の社会的使用の準備学習を繰り返し行う必要がある。

二　学習指導要領と国語科教科書

1　新学習指導要領国語の内容の構成

平成二十九年に新小学校学習指導要領が告示され、国語では内容の構成が次のように改善された。

平成二十年の内容

A　話すこと・聞くこと　B　書くこと　C　読むこと

〔伝統的な言語文化と国語の特質に関する事項〕

↓

平成二十九年の内容

〔知識及び技能〕

(1)　言葉の特徴や使い方に関する事項

(2)　情報の扱い方に関する事項

(3)　我が国の言語文化に関する事項

〔思考力、判断力、表現力等〕

A　話すこと・聞くこと　B　書くこと　C　読むこと

新学習指導要領解説国語編（平成二十九年六月）によると、三つの柱に沿った資質・能力の整理を踏まえた改善ということである。国語科で育成を目指す資質・能力を「国語で正確に理解し適切に表現する資質・能力」と規定するとともに、三つの柱を以下のように置いている。

1　知識及び技能　　2　思考力、判断力、表現力等　　3　学びに向かう力、人間性等

これらの改善から、文部科学省は「知識及び技能」を重視し、それが資質・能力の育成に不可欠であるとしていることが読み取れる。国語科授業という点からみると、言葉の学習の意義・目標を先に述べ、学習活動の「話すこと・聞くこと」「書くこと」「読むこと」が後ろに置かれた構成ということができる。

2　〔知識及び技能〕(2)　情報の扱い方に関する事項

〔知識及び技能〕は三項目から成り立っているが、「(1)　言葉の特徴や使い方に関する事項」と「(3)　我が国の言語文化に関する事項」はほぼ従来通りの項目である。ここでは新設された「(2)　情報の扱い方に関する事項」に着目する。「ア」が「情報と情報との関係」、「イ」が「情報の整理」の項目に当たる。

新設された理由を、文部科学省は中央教育審議会答申（平成二十八年十二月）で、「教科書の文章を読み解けていないとの調査結果もあるところであり、文章で表された情報を的確に理解し、自分の考えの形成に生かしていけるようにすることは喫緊の課題である。」と説明している。

小学一・二年の指導事項は次の一事項である。「イ」の「情報の整理」の項目はない。
ア　共通、相違、事柄の順序など情報と情報との関係について理解すること。
小学三・四年の指導事項
ア　考えとそれを支える理由や事例、全体と中心など情報と情報との関係について理解すること。
イ　比較や分類の仕方、必要な語句などの書き留め方、引用の仕方や出典の示し方、辞書や事典の使い方を理解し使うこと。
小学五・六年の指導事項
ア　原因と結果など情報と情報との関係について理解すること。
イ　情報と情報との関係付けの仕方、図などによる語句と語句との関係の表し方を理解し使うこと。

このように指導事項を並べてみると、二〇〇字から四〇〇字程度の短い論理的文章やドリル形式の練習問題が教材となると想定できる。短い文章から構成や段落を確認したり、主要語句を取り出したりする学習が期待されていると思われる。現在の国語科教科書教材は、小学六年で十頁を超える文章がいくつもあり、児童には長すぎ、理解に至らない場合がしばしば見られるからである。

3　本書における学習指導の配列

学習指導要領国語の内容の構成は、文部科学省が重要と判断した事項から順に示されている。

これに対して、本書では授業で児童が学習する順序に従って、第四章以降「読むこと」の学習を冒頭に置き、続いて「書くこと」「話すこと・聞くこと」、言語文化の学習の順に記述する。文章を正確に「読むこと」ができ、初めて「書くこと」や「話すこと・聞くこと」が成り立つからである。

三　国語科授業と教科書

1　国語科教科書

国語科教科書は、社会、算数、理科などの他教科の教科書と記述内容の性質が違う。社会、算数、理科などの教科書は学習内容そのものが記述されている。それに対し、国語科教科書は教材の文章が記述されているだけで、学習内容が記述されていない、という特性がある。

小学三年の算数の教科書（啓林館三年上）「わり算」の「分け方とわり算」では、初めに「15このクッキーを、3人に同じ数ずつ分けます。1人分は何こになりますか」という課題が提示されている。次に「『○』をつかって分けてみましょう」と算数的活動が示されている。「15こを3人に同じ数ずつ分けるときの1人分をもとめる計算の式を15÷3とかき、『15わる3』とよみます」と続く。教科書に書いてある通りに授業を進めると、学習活動が成立する組み立てになっている。社会や理科なども同様である。

国語科の教材は、文字によって書かれた文章が中心になる。その他には図・表・グラフ・絵・写真などが教材になる。そして、学習内容は授業活動に現れる。

小学四年の国語科教科書「読んで考えたことを話し合おう」（光村図書四年下・平成二十七年度版）という単元は、「ごんぎつね」（物語教材）と「慣用句」の二教材によって一単元を構成している。教材の右脇には、「登場人物の行動や気持ちの変化をとらえ、感じたことや考えたことを話し合いましょう」という学習活動が示してある。その後、すぐに「ごんぎつね」という物語が始まる。物語教材の後には「登場人物の行動や気持ちの変化を読もう」「物語をめぐって話し合おう」という二つの学習課題が置かれている。このため、文章を読んでからの発問・指示のセリフなどは、教師自身が工夫することになる。音読の仕方、難語句の説明、あらすじの確認、登場人物の整理、会話の役割、情景描写、人物描写、人物像の変化など、全て教師の発問・指示に頼っている。先に、国語科の学習内容は授業活動に現れるといったのはこのような理由による。

2　国語科の教材

国語科教科書は様々な文種の見本としての文章が集められた教材集である。一つ一つの教材文は小学低学年の単純な文章であったとしても、事物や事象を抽象化した言語とし、さらにその言語を抽象化して文字で表すため、大変抽象度が高い。その学習は、小学一年から記号を読み解いていくという性格をもっている。

このような高度な抽象的思考の産物である文字によって学ぶことから、その指導では次の二点が特に重要である。

(1)　児童の音読の繰り返し（文字と音声の結びつけ）
(2)　言葉と具体的な事物や事例とを結びつける学習（文字と事物の結びつけ）

幼い児童にとって、小学校に入るまでは、音声言語（話し言葉）のみが言語であった。それが小学校に入学して文字言語の存在を知る。その衝撃は大きい。その衝撃を乗り越える唯一の手段が、音声言語の学習、すなわち教材文の音読である。

3　発展教材の位置づけ

国語科教科書は主な教材のごく一部分が掲載されていると考えるとよい。教科書教材を教えていれば、指導が十分に満たされているということではなく、教科書教材は児童の学習に必要な教材の最低限の分量と考えたほうがよい。教科書以外の文章を補助・発展教材として必ず扱うことが大切である。付加する教材があって読書指導が成り立ち、初めて国語科授業が完成する。国語科教科書の教材文だけを十数時間かけて授業をして、一単元を終わる授業は貧しい授業なのである。

「大造じいさんとガン」（小学五年、物語教材）の学習では、椋鳩十が書いた他の作品数編（「片耳の大シカ」「マヤの一生」「山の太郎グマ」「チビザル兄弟」など）を少なくとも教師が読んでおく必要がある。そこから一、二編を子どもに読み聞かせるとよい。教師自身の読書量が子どもの読書活動を左右し、本をよく読む先生が読書好きの子どもを育てるということである。

4　国語科授業

国語科教科書は、「話す・聞く」、「書く」、「読む」（論理的文章、文学的文章、古典作品など）、言葉のきまり、漢字などの単元で組み立てられている。教科書に掲載された順に授業をしなくても成立する教科である。これに対して算数の授業は、たし算、ひき算、かけ算、わり算という順序通りの学習が必須で、たし算の前にかけ算を学習することはできない。国語科授業は教科書を使用して、教師が自分の研究の成果を大いに発揮できるという利点がある。

四　国語科授業と教材研究

1　国語科授業は難しい

小学校の先生は、国語科授業が最も実践しにくいと言う。特に、次のような困り事を聞く機会が多い。

(1)　国語は社会や算数、理科などに比べ、教える内容がはっきりしないため、何を教えたらいいのか分からない。
(2) 国語の力がついたかどうかの確認ができない。
(3) 国語は教科書が厚く、学年末に終わらせるのが精一杯である。
(4) 児童に分かるように、語句の説明や解釈をしていると、指導計画通りにいかない。
(5) 教師用の指導書や赤刷りが指示した通りに教えると、授業時間が不足する。

これらの問題を解決する方法は、次の三点である。

(1) 教師主導で行う。
(2) 児童の反応を見て、学習内容を決める。
(3) 指導事項を確実に設定する。

2　教材研究

先の三点を国語科授業で行うためのカナメは教材研究である。国語の教材研究とは、指導しようとする教材文について、その指導すべき内容を確認し、その特性に基づいて指導事項を決めることである。

これまでは論理的文章や文学的文章の内容、語句を断片的に説明する授業が多く、教師の研究した知識を教え、覚えさせることが授業だと思われていた。

文章や語句の断片的な知識を積み上げても、文章の理解には到底つながらない。国語辞典で語句の意味を丹念に調べても、論理的文章を正確かつ的確に理解できないのと同様である。

文章の本質を判断し、それを学習内容とする必要がある。文章ごとの特性については以下の章で説明する。

第二章

学習指導要領
国語科の本質

一　学習指導要領の成立

1　古代から一九四五（昭和二十）年まで

古代から日本では、貴族・公家階級で子弟の文字教育が熱心に継続されていた。「漢字・漢語」は男子が使う文字（男手）として、「ひらがな」は女子が使う文字（女手）と考えられていた。

江戸時代になって、全国の大名による領地争いの戦乱が収まると、武士階級では「論語」などの漢文の読み書き教育を、父親が教師となって各家庭で行った。商人階級では多様な教材集による漢字・平仮名の読み書き学習が寺子屋で盛んに行われた。

一八〇〇年代になって、西欧諸国がインド・中国・ベトナム・フィリピンなどを次々と植民地化する状況を見て、明治政府は危機感を強め、軍備と教育の近代化を急いだ。教育の近代化に大きな役割を果たしたのが、「論語」などの漢文教育であった。当時の行政を担当する武士階級が「論語」などの漢文の読み書きに習熟していたために、十数年にわたる苦労の末に、西欧の文物、抽象概念などを全て漢熟語で表記することに成功した。この結果、小・中学校から大学まで日本語による学校教育が可能になり、行政、都市計画、生活設備などの全てを西欧人の助力なしに自力で作り上げ、西欧諸国の植民地にならずに済んだ。福沢諭吉、中村正直、中江兆民、森鷗外、夏目漱石たちのおかげである。

日本では、大学の全学部が日本語で講義・研究を行っている。大学の全学部が母国語で講義をしているというのは、西欧の数か国を除いて世界でも数少ない例である。多くの若者が母国語によって大学教育を享受できる効果は絶大である。日本の研究者が毎年のようにノーベル賞を受賞し、精密機械・大型機械・建築・基礎工事などの技術水準が高いのは、母国語による大学教育のおかげである。

一九〇〇（明治三十三）年の小学校令の改正によって、「国語科に統一され、初めて国語科の名称」が使われた。一九四一（昭和十六）年の国民学校令まで続いた。教科目は「修身、国語、算術、体操」となった（一八七二（明治五）年の学制では「綴字（ていじ）、習字、単語、会話、読本、書牘（しょとく）、文法」の七科が設けられ、一八八〇（明治十三）年の教育令に小学校は「読書、習字」となり、一八九〇（明治二十三）年の小学校令で「読書、作文、習字」となった）（飛田多喜雄『国語教育方法論史』明治図書　一九九三年及び『国語教育研究大辞典』明治図書　一九八八年による）。

2　一九四五（昭和二十）年

一九四五（昭和二十）年、太平洋戦争（第二次世界大戦）に敗北した日本は、それまでの武力による領地拡大を目指す軍国主義を否定し、「文化国家」建設のための努力を始めた。

当時の占領軍、連合国軍総司令部（ＧＨＱ）は、日本の学校教育について神道等の教材を多く扱った国語科を廃止すると指示した。これに対して「国語科は文学教材によって平和教育を行うことができる」（文部省（現文部科学省の旧称）石森延男　談）と反論して、国語科は消滅を免れた。それ以後、国語科の教材文は平和をテーマにした児童文学作品が中心になった。さらに、死の戦場から生還した多くの復員軍人が教員となって、平和教育・文学教育に努力した。その結果、国語教育と文学教育とは同義語だという議論まで現れた。

こうした文化国家建設への努力が実って、全国の小学校に図書室が設置された（太平洋戦争以前の公立小・中学校に「図書室」はほとんど存在しなかった）。主な市町村には書店が生まれ、多くの家庭に児童文学の本をはじめとするたくさんの児童向けの本が並ぶようになった。

3　一九四七（昭和二十二）年

太平洋戦争以前には文部省発行の国定教科書（各科一種類）が使用され、授業を検閲するのは文部視学官の仕事だった。

太平洋戦争を敗戦で終わったときから、文化国家建設が国の方針となった。昭和二十二年に文部省（当時）は「学習指導要領（試案）」を作成した。この目的は次のようなものである。

(1)　戦地から復員したたくさんの軍人が戦後の教育に適応するための参考書となること。

(2)　民間が出版することになる教科書作成の基準文書となること。

学習指導要領は「履修内容の指示」ではなく、「命令」でもない。その役割は教材研究、指導研究に際して「誤り、脱落、偏りがないか」を確認するための文書である。

二 「試案」から現在まで

1 学習指導要領の改訂

学習指導要領は、だいたい十年に一度程度、時代の要求の変化に対応して改訂されている。昭和二十二年に最初の学習指導要領が「試案」として提示され、昭和二十六年には二回目の「試案」が提示された。

そして、昭和三十三年には「試案」ではなく、「告示」として公布され、学習指導の目印としての役目が示された。以後、昭和四十三年、昭和五十二年、平成元年、平成十年（この年、国語科は「話す・聞く」「書く」「読む」という技能別の項目別表記になった）、平成二十年、平成二十九年に告示された。

三　内容とその役割

1　学習指導要領に書かれている国語科の学習目標

理科の学習目標は、三年の「物質・エネルギー」の分野では、光・音・磁石・電気回路などの性質を知り、理解することである。これに対して国語科の三・四学年の学習目標は、「2内容」〔知識及び技能〕に「(1)……次の事項を身に付ける……」として示されている。

ア　言葉には、考えたこと……を表す働きがある……。

イ　相手を見て話したり聞いたり……。

ウ　漢字と仮名を用いた表記……。

このように国語科は言葉を話したり、読んだり、書いたりする技能を育てる教科として、教科書の文章の内容は学習目標ではなく、「技能」を育てるための材料の一つとされている。

2　「聞く・話す」学習は大切な基礎学習

毎日の生活に必要な基礎的な言語能力を伸ばす行動が「聞く・話す」である。家庭では、幼児期から家族同士のおしゃべりを楽しむ態度が「聞く・話す」能力を育てる。

学校では、クラスの友だちとのおしゃべりが社会的言語能力を育てる行動の第一歩である。家族と異なる語彙・話題をもった友だちとの楽しいおしゃべりを通して、豊かな語彙力、表現力が育つ。先生のお話は、高度な社会的形式をもった「聞く・話す」学習のお手本である。先生の短くまとまったお話によって授業が進む。クラスの全ての児童には、一日三回、発言の機会を与える。国語の授業では、三・四年になったら話を聞くときは「メモ」を取りながら聞く技術も教える。これは、話し言葉と文字を結びつけた学習である。

口頭発表をするときは、よく考えて書いた「原稿」を見ながら話す、という技術を教える。

3 「読む」学習は音読を重視して

「読む」学習は、「授業の読む学習」と「個人の読む学習」という二つの場面で考えてみる。

「授業の読む学習」では、音読指導を重視する。

日本語の漢字・漢語は二千年の歴史の中で形成されているので、たくさんの語句があり、読み方も多様である。漢熟語は、思考の根幹になる抽象概念を表記するので、重要な語彙である。抽象的思考が未熟な小学生には、漢字の意味や成り立ちを個別に詳しく教えるよりは、教科書の文章を繰り返し音読させる指導が効果的である。

「一斉音読」は児童に緊張感を与えず、児童が繰り返し参加できる、優れた音読指導法である。一時間に教材文を通しで二回、当日の学習部分を五回は目安として、繰り返し一斉音読させる。

「個人の読む学習」としては、「読書」の役割を教える。教室で音読に慣れると、誰でも活字を読むことが楽になる。

一か月の読書量として、小学生は三冊、中学生は五冊、高校生は十冊くらいが標準である（マンガは別）。読書が好きな人は話題が豊富で、楽しい話し合いができる。読書では大人の言葉をたくさん知ることができるし、話題も言葉の表現の仕方も豊富になるからである。

巻末の「読書指導のための世界文学年表」及び「世界文学（文庫本）作品集」を手がかりにして、教師は自分でも努力して文学作品を古典から近代まで読んで楽しむ習慣をつける。そして、読んだ感想を児童に話したり、おもしろかった場面などを音読して聞かせたりする。また、社会科、理科などに関する名作、例えば、「ファーブル昆虫記」などを積極的に紹介する。

4　「書く」学習は文章を書く学習を目指して

これまでの「書く」学習とは、漢字・平仮名の字形を覚えたり、同音異字を正確に書き分けたりする、小学生の文字学習を指す言葉だった。

中学・高校の国語科の学習では、文学教材や論説文教材を「読む」学習だけで十分で、「書く」学習は必要ないとされてきた。現在「国語科は文学教材の読み方を指導するのが仕事で、論理的文章の読み方書き方を指導するのは理科・社会科の役目です」と言う高校国語科の先生がたくさんいる。文学部国文科の出身であることが誇りなのであろう。

これに対して文部科学省は、これからの時代は高校における論理的文章を書く指導が必要と考え、新テスト実施方針の策定・公表と二〇二一年度大学入学者選抜実施要項の見直し予告通知を行う準備のために各地で研究会を開いている。

全国の大学の二次入試では受験科目「国語科」として、論理的文章の読み書き問題が毎年のように出題されている。この事実は「論理的文章の読み書き学習の指導は国語科の範囲である」というのが世間の常識となっていることを示している。

「書く」必要のある論理的文章の代表例として、「報告」がある。「報告」は会社で毎日書くほど重要な文書であるが、その形式は簡単な原則で成り立っている。ところが文化系の大学の卒業生で、「報告」を書くための原則を知らない人が大勢いて、入社前の研修期間に「報告」が書けないといって会社をやめる人が絶えない。こういう事態を改善しようとして、多くの大学の文化系学部では論理的文章を書くための指導が始まっている。

四　学習指導要領と教科書

1　一教材は五時間以内で仕上げる

国語科教科書に載っている教材文の一つ一つは、先生の工夫によっていろいろな授業の目的に応じた進め方ができるようになっている。

授業の進め方としては「論理的文章の読み方・物語の読み方・話し合い学習・調べ学習」などがある。このうちの一つの目的を選んで授業をして、一つの教材文の始めから終わりまで、四時間か五時間で仕上げるような授業の進め方をするのがよい進め方である。

国語科教科書の教材文の一つずつを五時間程度で終わらせて先に進むと、授業の進め方にリズムが生まれて、児童が授業を楽しみにするようになる。授業評価をするためのペーパーテストを行っても、児童が喜ぶ授業では、授業評価も高いのが普通である。

2　国語科教材は「一教材一目標」

一教材を十数時間かけて授業をする先生がいる。こういう先生は一ページの文章を三時間かけて説明したり、一つの語句について四時間も五時間も児童同士で話し合わせたりして、「深い学習」ができたと考えるようである。しかし、このような部分的な学習は児童が飽きてしまうのが当然で、児童があくびをしたり騒がしくなったりする授業では授業効果は低く、授業評価のペーパーテストの成績も悪くなる。国語の授業は、見せかけだけの「深い学習」では価値が低い。

『教師用指導書』に示されている「配当時間」は、授業時数を一年間三十五週として計算した理論上の時数である。そのため、『指導書』通りの時間配当で授業をしてみると、一学期が終わった時点で、まだ授業しない教材文が半分以上残ってしまう。教育熱心な親たちは教材文が残ることに敏感で、先生不信の出発点になる。

『赤刷り指導書』（いわゆる「赤本」）には教科書通りの文章に、たくさんの「課題」が、赤字で記入されている。この課題を授業の目的に応じて、一ページに一つか二つを選択しながら授業を進めるのが「赤本」の本来の使い方である。しかし、先生の中には選択をせずに、載っている課題を片端から全部扱う先生がいる。こうすると、授業の目標が散漫になって分かりにくくなり、児童は授業に飽きて騒ぎ出すのである。

3　国語では教科書教材の他に付加教材が必要

国語科の教材は、教材文の内容を覚えるための文章ではなく、文章の読み方（読む技術）を身につけるための材料の一つである。この指導について、学習指導要領（平成二十年三月）では次のように述べている。

目的に応じて、複数の本や文章などを選んで比べて読むこと。（第五・六学年・2内容・C読むこと(1)カ）

これは教科書の文章で「読み方（読む技術）」を学習した後、教科書以外の文章をいくつか選んで比べて読み、児童が学習した「読み方」を身につけるように指導をしなさい、という意味である。

このように、国語科の教材文は「教材の見本例」だと考えて、「比べて読むための複数の本や文章」をたくさん選んで児童に紹介するのが、教師の教材研究である。このため教師は、普段からたくさんの本を読み、文科系の本だけでなく理科系の本もたくさん読んで、児童が喜ぶような本をたくさん知っている必要がある。

第三章
国語科の活動領域と授業

国語科授業の特質は、知識ではなく技能を育てることにある。本章では、国語の教材文の特性に対応した学習の概要を説明しながら、育成する技能を具体的に示していく。

なお、各学習の具体的な授業化の説明は、第四章以下の「国語科教材と授業」で述べる。

一 「話す・聞く」学習

「話すこと・聞くこと」の学習はスピーチの学習と話し合い（討論）から成り立つ。この二つの学習を支える学習に「話し方・聞き方」を身につける学習がある。「話すこと・聞くこと」の学習では音声が対象であり、音声を可視化して見本となる文章を児童に分かりやすく示すことが重要である。

1 「話す・聞く」学習の目標（育成する技能）

「話す・聞く」学習の目標を次のように設定すると、学習活動が考えやすくなる。

(1) 事実と主張とを形式に当てはめて、話すことができる。
(2) 自分の考えを述べるのに、具体的な根拠を分かりやすく述べることができる。
(3) スピーチや話し合い（討論）を時間内にまとめることができる。

2　スピーチの指導計画

スピーチは読み上げ原稿を作成してから発表させるとよい。メモによる発表は、児童にとって負担が大きく、途中で何を話しているのか分からなくなることがある。学級全体での発表は一層その傾向が強まる。児童自身が原稿用紙に自分の考えを書き上げ、それを読み上げるという学習にすると、児童は安心して発表に取り組むことができる。

スピーチの指導は教科書では年間一、二回の単元設定であり、少ない。スピーチの単元を年間五回設け、繰り返し指導すると学習の効果が上がる。一つの単元の指導計画は次の通りである。

第一時　スピーチ原稿の書き方を知る。テーマについて構想をもち、「小論文書き方ワーク」（一〇一ページ参照）を書く。
第二時　一回目のスピーチ原稿（一次原稿）を書き、添削・評価を受ける。
第三時　二回目のスピーチ原稿（二次原稿）を書き、提出する。
第四時　スピーチを発表する。他の人のスピーチを聞き、各段落のキーワードを聞き取る。

3　話し合い（討論）の指導計画

話し合い（討論）の学習では、司会や発表者の固定化や特定の児童の発表の場にならないようにする。できる限り、全員参加型の学習にする。全員参加型の学習にするには、「シナリオ」を使って、基本的な話し方・聞き方を指導すると効果が上がる。「シナリオ」は第七章で述べる。

話し合い（討論）の学習には、小グループでの話し合い（バズセッションなど）、全体での話し合い（パネルディスカッション、シンポジウム、学級会、ポスターセッションなど）、二者に分かれての話し合い（ディベートなど）がある。

話し合い（討論）の指導も教科書では年間一、二回の計画であるが、年間三〜四回程度設けるとよい。一つの単元の指導計画は次の通りである。

第一時　テーマと話し合いの方法を知る。

第二時　考え（感想）とその理由や根拠などを発表する。

4 「話す・聞く」学習の指導事項

「話す・聞く」指導は、小・中・高等学校と継続して系統的に行う必要がある。基礎となる指導事項として、「話し方・聞き方」を身につける学習を次に示す。

(1) 挨拶
(2) 学校生活で必要な話し方（先生と友だちへの話し方は違う。相手を不愉快にしない話し方）
(3) 聞く態度
(4) メモを取りながら聞く

二「書く」学習

1 「書く」学習の目標（育成する技能）

論理的文章を「書く」学習の目標を「基礎」と「基本」に分け、次のように設定する。

(1) 基礎 ① 文字を正確に書き写すことができる。（視写）
② 聞きながら、文章を正しく書き写すことができる。（聴写）
③ 形式通りに指示された内容を正確、丁寧に書くことができる。（ノート）

(2) 基本 ④ 事実を正確かつ詳細に記録することができる。（記録の書き方）
⑤ 複数の事実とその考察を形式に当てはめて、記述することができる。（報告の書き方）
⑥ 事象を相手にわかりやすく順序立てて説明することができる。（説明の書き方）

2 筆順

小学校では筆順も大切な指導事項である。筆順とは一つの文字を書いていく順序のことをいう。筆順は長い間の習慣によって、次第に決まってきた順序である。筆順通りに書くと、筆の運びが自然で整った美しい形に書くことができる。平仮名・片仮名・漢字の全てで筆順の指導が大切である。

3　平仮名・片仮名・漢字

漢字には音読み、訓読み、重箱読み、湯桶読み、熟字訓などの多くの読み方が存在する。一つの熟語が複数の読み方をもつものもあり（「草原」ソウゲン・くさはら、「二重」ニジュウ・ふたえ）、教師が音声によって一つ一つの読み方を丁寧に確認していく必要がある。

漢熟語の多くは、明治初期、留学経験のある知識人（福沢諭吉など）が西欧語の一語一語を漢熟語に翻訳した。この時代の漢熟語の成立により、日本人は片仮名だらけの文章から免れ、西欧諸国からの新しい学問（医学、物理学、生物学、哲学、政治学、経済学など）の抽象的な概念を早く、正確に学習することができた。

日本語の平仮名、片仮名、漢字の三種類の使い分け（書き分け）は、世界に例のない難しい規則である。これを小学一年から繰り返し教えていく。平仮名、片仮名、漢字の三種類は、世界の言語の中で最も多い文字数でもある。この区別に基づく表記は大変難しいので、丁寧に指導する必要がある。

4　「書く」学習の指導計画

小学生が書く論理的文章とは、複数の具体的事例と考察で構成された、科学論文の形式を備えた文章のことである。これを小さな論文と考え、「小論文」と呼び、「書く」学習では、小論文の書き方指導を中心に行う。小論文の書き方指導は論理的思考力、表現力を養成することを目指している。

ここでいう小論文とは、次の性質を備えた文章のことである。

(1) 事実を記述した段落が二つある。(「なか1」、「なか2」)
(2) 二つの事実に共通する性質を記述した段落がある。(「まとめ」)
(3) 文章全体の段落の内容のあらましを紹介する段落がある。(「はじめ」)
(4) 簡潔・明快な文体である(文学的文章とは表現・目的が異なる)。

小論文の学習では、一課題を四時間で書き終えるように指導する。指導の概要は次の通りである。

第一時　小論文の書き方を知り、自分の文章の構成を考える。
第二時　一次原稿を書く。
第三時　二次原稿を書く。
第四時　「評価の授業」を行う。

文章の書き方指導技術の要は添削と評価である。文章を書くのは文字という抽象的な無数の記号を操る最高難度の知的作業である。日本の教室のように、同年齢の児童が大勢いるという状態は文章の訓練で多くの文章例を得られるので、理想的な状態といえる。

5 「書く」学習の指導事項

論理的文章を書くためには、文章の構成の原則を教える必要があり、「段落・主要語句（キーワード）・文章構成」を指導事項として設定する（詳しくは第六章を参照のこと）。

三 「読む」学習

1 音読

小・中・高等学校の十二年間を通し、国語科の教材文は全て音読指導が必要である。学習の課題、めあて、説明も全て音読する。速くすらすら読むことができる児童は、文章の内容を理解している証拠になる。授業の始めと終わりに、音読指導を位置づける。

「範読」では文章を淡々と読み、教師の個性的な読み方を押しつけない。範読をしながら、新出漢字の読み方や難語句の簡単な説明を行う。

一つの教室の児童全員がどの教科でどの程度の学力があるかを、すぐに判定できる方法がある。それは教科書の音読である。国語、社会、算数、理科などの教科書のどれか一つを机上に出させる。そして既習部分を開かせて、文章の最初の五～六行を一人一人に音読させてみるのである。

座席順に数人すらすらとよどみなく正確に音読したら、一〇〇点満点である。それに対して、児童全員がしどろもどろの音読だったら、教師がどれほどりっぱな授業や話をしていようと、〇点である。西欧語の学習と違って、日本語の学習成果は児童の音読能力に典型的に表れる。

2 論理的文章を「読む」学習の指導事項

これまでの論理的文章を「読む」学習は、語句・文章の断片的な説明に終始していた。論理的文章の学習は、学年が進むと文章中の言葉が抽象化するだけで、指導自体の目標が明示されることはなかった。二十一世紀は論理的思考力によって発信を目指す教育が必要であるから、書くために読むという指導を目指す必要がある。論理的文章を書くためには、論理的文章を的確に読む技能が重要である。書くために読むという学習目標を設定すると、指導過程や学習の全体像が明確になる。この指導では、段落は意味段落で指導する必要がある。このような考えから指導事項は次の三点である。

(1)　段落　(2)　主要語句（キーワード）　(3)　文章構成

3 論理的文章の形式

論理的文章には「形式」がある。基礎形式として、次の四つの要素を認めることができる。

はじめ　①（序論）　述べる対象のあらましを書く。

なか　②（本論）具体的事例のいくつかを詳しく書く。
まとめ　③（考察）複数の具体的事例に共通する性質を述べる。
むすび　④（結論）共通する性質の価値を、主張として述べる。

4　文学的文章を「読む」学習の指導事項

文学的文章の本質はストーリーと文体である。物語・小説の文体は主に三種類（語り、描写、会話）から成り立っている。教師は物語・小説の文体の効果や役割をよく研究した上で、課題を設定すると、児童が喜んで学習に取り組むようになる。

物語・小説の指導事項には、作品の構成・人物像の変化・描写などがある。

(1)　作品の構成

物語・小説をいくつかに区切って「呼び名」をつける。その区切った場面ごとに授業をまとめていく。この指導によって児童は物語・小説の構成に気づく。指導経験上、五つがよい。

(2)　人物像の変化

物語・小説では主人公の人物像（外観・思想・生き方など）が初めと終わりで変化する。主人公はクライマックス（最高潮）で変身するのである。その変化の過程に物語・小説の主題（テーマ）が表現されている。

(3) 描写

昔話（伝承物語ともいう。グリム童話など）では、初めでもクライマックス（最高潮）でも終わりでも、いつも淡々と同じ調子で話が進む「語り」の文章で構成されている。これに対し、近代以降の小説は、読者が目の前にその情景を目で見ているような思いにさせる文章「描写」が進化した。文学的文章の華は描写であるともいえる。

小説では、その背景として自然の美しさを絵のように描く自然描写がある。また、人物の服装、外観、動作などを詳しく描いて、個性的な人間像を目に見えるように描く人物描写や、ストーリーの舞台などを描き、登場人物が活躍する場面を目に見えるように描く情景描写などがある。

四　言語文化の学習

言語文化の学習は、主に次のように分けることができる。

(1) 伝承文化（言葉遊び、なぞなぞ、早口言葉、伝承物語、昔話など）
(2) 古典文化（古文・漢文）

特に、小学校では伝承物語の学習が大切である。伝承とは文字が普及する以前の口伝えで受け継がれてきた耳からの言葉である。幼児は耳で聞いた話や物語はいつまでも耳の奥に残っていて、正確に思い出すことができる。口伝えが近代まで文字として記録されなかったのは、幼児の遊びの意義が理解されなかったためである。

世界には、グリム童話以外にも現在まで伝わっている伝承物語が数多くある。「ナスレッディン・ホジャ物語」（十三〜十五世紀トルコ）、「ラサリーリョ・デ・トルメスの生涯」（十六世紀スペイン）、「ティル・オイレンシュピーゲルの愉快ないたずら」（十六世紀ドイツ）などの物語によって、当時の人々は生きる上での知恵や、判断の方法を知ることができた。ものを考える楽しさも教えてくれる。日本にも「吉四六話」（大分）、「彦市話」（熊本）などの昔話が伝わっている。

第四章

国語科教材と授業〈1〉

―文学的文章

一　音読

1　範読

物語や詩の学習では、初めに教師が範読して聞かせる。大げさな抑揚をつけずに淡々と読む。範読しながら読みにくい漢字や熟語には読み仮名をつけさせる。意味の難しい語句は、作品の文脈に合わせて教師が短く簡単に説明するのがよい。国語辞典で児童に調べさせる指導は、辞書には何通りもの抽象的な説明が並んでおり、児童にとってはより難解になる。範読の代わりにCDを聞かせる指導例も多いが、読みや語句の意味の説明を挟むことができないし、感情たっぷりの朗読は児童の自由なイメージを損なう恐れがあるのでやめたほうがよい。

2　一斉音読

範読後に音読練習をする。文学的文章では、すらすらと流れるように読むことで物語の筋や場面の様子が理解できる。読み方や区切りが分からずにつっかえつっかえ読んでいるうちは、一つ一つの文字を言語に変換することに精一杯で、イメージを描くことができない。しかし、繰り返し音読することによって暗唱できるほどにすらすら読めるようになる。この段階になって、ようやく登場人物や場面の様子が動画のように生き生きと脳裏に描き出されるようになる。

音読練習の方法は、一斉音読が最も効果的である。一斉音読をすると、まだ上手に読めない児童も耳から友だちの読む音声を聞きながら自然と読めるようになる。教師もどこが読みにくいのかがすぐに分かり指導しやすい。音読には脳を活性化する効果もあるので、授業の始めと終わりに、学習する場面を一斉音読すると、授業によいテンポが生まれる。

繰り返し音読練習しているうちに暗唱してしまう児童も多い。それはとてもよい効果だが、はじめから暗唱を目的とすると苦手な児童の負担になるので、結果として暗唱できたらほめるのがよい。

3　音読練習の方法

一斉音読の速さは、一分間に三五〇字程度がよい。途中で音読の声がそろわなかったり小さくなったりしたら、そこは読み方や意味が分からないところなので、読むのを止めてそこからまた読み直させる。すらすら速く読めるようになるための指導としては、「目は、今声を出しているところの少し先を見ながら読みましょう」と助言すると急に上手になる。特に、一行の一番下から次の行の一番上に行くところで目がうろうろしてしまう児童がいるので、「少し先を見る」ことによって読みがスムーズにつながる。音読が苦手な児童には、みんなが読んでいる声を聞きながら指で文字を辿らせるとだんだん一緒に音読できるようになる。

二　物語指導の手順

物語を読む指導の目的は大きく二つである。一点目は、物語を読む楽しさを知り、読書への意欲を高めることである。二点目は、他の物語を読むときにも役立つ読み方の技術を教えることである。次の1から7の手順で行うとよい。ここでは多くの教科書会社で使われている五年の教材「大造じいさんとガン」を例に述べる。

1　音読

場面ごとに、範読・一斉音読を繰り返し、一分間に三五〇字程度の速さですらすら読めるようにする。短い作品ならはじめに通して範読を聞かせる。長い作品では、場面ごとに区切って範読、一斉音読を繰り返すとよい。

2　登場人物

物語の概要を理解するために、主要な登場人物を確認する。人数を指定して答えさせると混乱しない。「大造じいさんとガン」では、「大事な登場人物を四人書きましょう」（答え：残雪、大造じいさん、ハヤブサ、おとりのガン）となる。大人は動物も「登場人物」でよいのか、などとこだわるが、児童は特に違和感を感じないようである。また、一人の人物が複数の呼び名（残雪＝ガンの英雄＝えらぶつ……など）をもつこともあるので、同一人物であることを確認する必要がある。

3　あらすじ（場面の名づけ）

物語の展開を正しく把握させるために、あらすじをまとめる。その方法として、場面への名づけが便利である。作品全体を五つ程度の場面に分け、範読・一斉音読後に場面の名前を考える。作品が長くても短くても原則五つの場面とする。場面分けに際しては、まず大きく「はじめ」「なか」「おわり」の三つに分け、「なか」をさらに三つ程度に分けるとよい。以下、「大造じいさんとガン」の場合の授業の流れを一部示す。

指示　（「場面1」を範読、一斉音読後）よく読めました。場面1に「ウナギつりばり作戦」と名前をつけましょう。（初めは教師がつける）

指示　（「場面2」を範読、一斉音読後）よく読めました。場面2に「タニシばらまき作戦」と名前をつけましょう。（二点目も教師がつける）

発問　（「場面3」を範読、一斉音読後）よく読めました。場面3に名前をつけましょう。何がいいかな。

解答　（児童数人発表）では、「おとり作戦」にしましょう。

以下同様に、児童の意見の中から「場面4」（ハヤブサとの戦い、など）、「場面5」（残雪の旅立ち、など）の名づけをする。五つの場面の名前を通して読むことで簡潔なあらすじができる。

4　主人公の人物像の変化

「大造じいさんとガン」の主人公は「残雪」ととらえるのが児童の読み方に適している。残雪の人物像の変化は、「語り手」である大造じいさんの見方の変化として描かれる。

発問　大造じいさんから見た残雪は初めと終わりでどのように変わったでしょう。また、変わったのはなぜでしょう。

解答　初め　「たかが鳥」
↓　（変化した理由「命がけで仲間を救う残雪のすがた」）
終わり「ガンの英雄」

参考例として、他の物語における主人公の人物像の変化とその理由を次に示す。

(1)「ごんぎつね」いたずらするごん↓（おっかあの死）↓つぐないをするごん
(2)「お手紙」ふしあわせながまくん↓（かえるくんの手紙）↓しあわせながまくん
(3)「モチモチの木」おくびょう豆太↓（じさまのため医者を呼びに行く）↓勇気のある子ども

5 「語り」と「描写」

物語・小説は、主に「語り」「描写」「会話」の三つの文体で書かれている。小学校低学年の教材はほとんど「語り」だけで書かれているが、小学校中学年頃から少しずつ「描写」の文章が現れる。

(1) 語り

「語り」とは、説明的な文章で、伝承物語の「地の文」はこの「語り」で構成されている。創作物語では事件の概要や事情のあらましを「語り」で説明している。次に例文を示す。

今年も、残雪は、ガンの群れを率いて、ぬま地にやって来ました。
残雪というのは、一羽のガンにつけられた名前です。左右のつばさに一か所ずつ、真っ白な交じり毛をもっていたので、かりゅうどたちからそうよばれていました。

（椋　鳩十「大造じいさんとガン」〈光村図書〉より）

「語り」は、ことがらの要点だけを簡明に綴っていくから児童にも分かりやすい。

(2) 描写

「描写」とは、自然の風景、物語の劇的な場面、登場人物の外見や動作などを詳しく絵のように描いた文章のことである。「文字で描いた動く絵」といってもよい。描写の文章もすらすら読める段階になって、実感できる。描写には自然描写、情景描写、人物描写、心理描写（心の動きを詳しく書き記した文章）などがある。

物語を読む指導では、小学校三・四年頃から「語り」と「描写」を見分ける課題を設定するとよい。幼い頃は読書が好きだったのに大きくなるにつれて嫌いになる理由の一つは、描写が読み取れないからである。細部の様子まで詳しく書かれた「描写」は、文学の楽しみの根幹だが、読み方を知らない人にとってはやたらに長く退屈で難しい文章に見える。次に、「大造じいさんとガン」の描写を見つける発問例を二つ示す。

発問　場面1から、周りの風景を表した一文を探して、線を引きましょう。
解答　秋の日が、美しくかがやいていました。

発問　残雪とハヤブサの空中での激しい戦いの様子が詳しく描かれている部分を囲みましょう。
解答　いきなり、敵にぶつかっていきました。そして、あの大きな羽で、力いっぱい相手をなぐりつけました。不意を打たれて、さすがのハヤブサも、空中でふらふらとよろめきました。が、ハヤブサも、さるものです。さっと体勢を整えると、残雪のむな元に飛びこみました。ぱっ　ぱっ　羽が、白い花弁のように、すんだ空に飛び散りました（「そのまま、ハヤブサと残雪は、もつれ合って、ぬま地に落ちていきました。」までも可）。

他にも何か所か「描写」がある（「あかつきの光が、小屋の中にすがすがしく流れこんできました。」「東の空が真っ赤に燃えて、朝が来ました。」「らんまんとさいたスモモの花が、その羽にふれて、雪のように清らかに、はらはらと散りました。」など)。
このように、「描写」を見つけるヒントとなる発問を考え、線を引かせたり四角く囲ませたりしながら他の「語り」の文章と区別する学習を繰り返すと、次第に「語り」と「描写」の質の違いに気づくようになる。さらに、見つけた描写を何度も音読させ、気に入った描写を一つ二つノートに視写させるとよい。「大造じいさんとガン」の作者である椋鳩十は動物物語を数多く執筆している。それらは、大人の小説への過渡期にある小学校高学年の児童が「描写」の読み方を練習するのに適している。

(3) 会話

「会話」とは、「直接話法」による人物描写の一種で、話し手の人物像を生き生きと表現する効果がある。戯曲や落語などは「会話」を中心に構成された作品である。物語の内容を表すだけでなく、その言い方で話し手の性別、年齢、性格などを描き出している。次に例を示す。

「しめたぞ。」じいさんはつぶやきながら、夢中でかけつけました。「ほほう、これはすばらしい。」

(椋　鳩十「大造じいさんとガン」〈光村図書〉より)

「しめたぞ」という会話は喜びの気持ちだけでなく、話し手が男性であること、三十過ぎのおじさんであることも表している。「やったあ」ならずっと若い年齢になるし、「ほほう、すばらしい」の代わりに「うまくいったのう」なら、もっとずっと高齢になる。「会話」の言い方によって、高貴な感じ、下品な感じ、威厳のある感じ、卑屈な感じなど、様々な人物像を表現できる。

6　感想

学習の終わりには児童に「ひと言感想」を発表させる。一人三十秒くらいで席順に全員に発表させる。挙手による発表だと話すことに自信のある児童だけが活躍し、他は聞くだけになりがちである。順番が来ても言えない場合には無理させずに最後にもう一度発言の機会を与える。この学習で児童は、自分の感想を述べる喜びや自分とは異なる友だちの感想を聞く楽しさを味わうことができる。

ここでの教師の役割は、彼らの真意を汲み取り言葉を整えて、一人一人の感想・意見の違いを明確にすることである。教師が気に入った何人かの感想・意見の共通点を「まとめ」てしめくくることは個性を無視することにつながり、文学を読む楽しさを失わせる。教師自身の感想を述べることも控えた方がよい。最後は先生が答えを出すものだと悟り、真剣に考えなくなるからである。初めは「おもしろかったです」「楽しかったです」程度の拙い感想でも、繰り返しお互いの感想を聞き合うことで、徐々に質の高い考察に進歩していく。

「ひと言感想」の他にも、「この物語を読んだ感想文を、四〇〇字で書きましょう」（一時間）、「椋鳩十の他の作品を読んで、感想を四〇〇字で書きましょう」（二〜三時間）なども考えられる。

以上、「1　音読」から「6　感想」まで、他の物語にも活用できる読み方を指導する。一教材原則四時間程度がよい。一つの物語に十時間以上もかける指導例をよく見かけるが、長過ぎる指導は児童の関心・意欲を損い、特定の作品を詳しく分析しても他の作品の読み方にはつながらない。

7 読書指導

物語を学習した後は、他の物語を読む読書指導を行う。教科書の物語だけでは一年間に二～三作品しかない。今まで教科書教材に何時間もかけていた分の時間を、この読書指導に回すのである。好きな物語を読む経験をたくさんさせることによって読書習慣の形成が図られる。参考図書を以下に示す。

『新日本少年少女文学全集』全40巻　安倍能成・小川未明・志賀直哉・武者小路実篤監修　ポプラ社　一九五七年創刊

『完訳グリム童話集Ⅰ～Ⅶ』野村泫訳　ちくま文庫　二〇〇五～二〇〇六年

『岩波少年文庫』（「星の王子さま」「注文の多い料理店」「ドリトル先生アフリカゆき」「アラビアン・ナイト」「トム・ソーヤーの冒険」他）一九五〇年創刊、二〇一〇年現在約四〇〇点発行

『偕成社文庫』（「片耳の大シカ」「吾輩は猫である」「山椒大夫・高瀬舟」「あしながおじさん」「シャーロック＝ホームズの冒険」「宝島」他）一九七五年創刊、二〇一三年十一月現在三一七点発行

『寺村輝夫のとんち話・むかし話』全15巻（「一休さん」「吉四六さん」「彦一さん」「おばけのはなし」「てんぐのはなし」「おにのはなし」「わらいばなし」「ほらばなし」「日本むかしばなし」他）あかね書房　一九七六～一九八二年

三　詩の指導の手順

1　音読

詩一編ごとに範読・一斉音読を繰り返す。詩では、七五調などのリズムや音韻、言葉の響き自体が魅力となっている場合も多いので、教師の滑らかでリズミカルな範読を聞くことは、言葉がそのまま音楽になる瞬間を体験することであり、詩の本来の楽しさを味わうことにつながる。

2　教師の発問により詩の特徴をきわだたせる

詩の表現は全て「描写」で描かれており、抽象的であるから、課題の発問や指示は具体的でなければならない。例えば、次のような発問がよい。

シャボン玉　　ジャン＝コクトー／堀口大學　訳

シャボン玉の中へは
庭は　はいれません
まはり(わ)をくるくる回つて(まわって)ゐ(い)ます

発問　「シャボン玉の中へは庭ははいれません」とは具体的にはどんな様子ですか。
解答　シャボン玉に庭が映っている様子

このような発問をした後、「この詩は『一瞬の美』を表現した詩といえますね」のように詩のポイントをひと言でまとめて示すと、その詩の魅力がとらえやすくなる。

一つの詩に数時間かけて技法やテーマを詳しく分析する指導は詩の魅力を台無しにする。一時間で数編の詩を暗唱できるほど何度も音読し、教師が最も魅力的と感じたポイントだけを発問で気づかせるのが豊かで楽しい詩の指導である。

3　好きな詩を選ぶ

数編（四～六編程度）の詩を学習した後、一人当たり二編の詩を選ばせ、作品ごとに〝人気投票〟を行う。このときあらかじめ、どの作品も優れたよい作品であること、多数の票が集まった作品が優れているわけではないこと、「選ぶ」のは自分の個性の表現のためであって、票数の少ない作品を選んだからといって鑑賞力が劣るわけではないことを伝えておく。児童は、好きな詩をにこにこして選び、周りをきょろきょろ見回して誰が自分と同じ作品に手を挙げたか観察する。

4　感想

詩でも、学習の終わりに感想を発表させる。「ひと言感想」を席順に全員に発表させるのが最もシンプルな方法で、日常的に実践しやすい。

また、詩と「話す・聞く」のスピーチの学習をセットにもできる。次のように、形式を示したワークシートに発表原稿（二〇〇～三〇〇字程度）を記入させると無理なく発表できる。

スピーチ「好きな詩を選んで感想を発表しよう」

①	②

①ぼくの（私の）好きな詩は「……」です。
②・その理由は、……
・この詩を読むと、……のイメージがうかんできて……
・この詩には……な作者の気持ちが表れていて……

5 読書指導

詩も物語同様、授業をきっかけに、生涯にわたって進んで詩を読む態度を形成することがねらいであるため、学習後に他の詩の紹介や図書室で好きな詩を読む授業を設定する。参考図書を以下に示す。

『日本の詩歌』全30巻・別巻1（島崎藤村、石川啄木、高村光太郎他）中公文庫　一九七四〜一九七六年
『小さな目—ぼくらの詩集1ねん・2ねん』朝日新聞社編　あかね書房　一九六四年
『小さな目—ぼくらの詩集3ねん・4ねん』朝日新聞社編　あかね書房　一九六四年
『小さな目—ぼくらの詩集5ねん・6ねん』朝日新聞社編　あかね書房　一九六四年
『こどもの詩』川崎洋編　文春新書　二〇〇〇年
『ことばのしっぽ—「こどもの詩」50周年精選集』読売新聞生活部監修　中央公論新社　二〇一七年

20	3　場面② 情景描写	3▽場面②を声をそろえて読みましょう。教科書をしっかり持って。「十日ほどたって、……」ハイ。（2分45秒） よく読めました。 3－2　ごんが「そう式だ」と思ったのは何を見たからですか。五つ探して線を引きましょう。 【解1　弥助の家内がお歯黒をつけていました。 2　新兵衛の家内がかみをすいていました。 3　おおぜいの人が集まっていました。 4　よそ行きの着物……火をたいていました。 5　大きななべでは何か……にえていました。】 「そう式だ」 ①お歯黒②かみ③おおぜいの人④よそゆき ⑤大きななべ　（板書）	
25	情景描写	3－3　「祭りではない」と思ったのはなぜですか。 【解　たいこ・ふえ・のぼりがない】 「まつりではない」（……がない） ①たいこ②ふえ③のぼり　（板書）	3－3　読解力を必要とする課題である。
30	論理的思考力	3－4　「そのばん……いたずらをしなけりゃよかった」の段落から、ごんが見たことを一つ、ごんがやったことを一つ、書きましょう。 【解　1　兵十がはりきりあみを持ち出した 2　わしが……うなぎを取ってきてしまった】	3－4　事実と考えを区別する課題である。解答の二つ以外は全てごんの想像で、読解力を必要とする高度な課題である。
35		3－5　「ちょっ、あんないたずらをしなけりゃよかった」を、ひと言で何というでしょう。 【解答例　反省・後悔】 「ちょっ、あんないたずらをしなけりゃよかった」　反せい・後かい　（板書）	3－5　いたずらを後悔するごんの変化に気づかせる課題である。
40	4　学習のまとめ	4▽場面①から場面②まで通して読みましょう。「これは、わたしが……」ハイ。（7分9秒） 上手に読めました。	
45	5　次時の予告	5　次の時間は、場面③から⑥を学習します。	5　次時の予告をする。

7．授業評価

(1)　ごんのしたいたずらとその心情を読み取ることができたか。
- A　全て答えることができた。
- B　だいたい答えることができた。
- C　答えられなかった。

(2)　ごんの心情の変化を「反省」「後悔」という言葉で表現することができたか。
- A　自分で表現することができた。
- B　友だちの表現を聞き理解できた。
- C　理解できなかった。

(3)　描写の文に気づくことができたか。
- A　全部見つけた。
- B　一つ以上見つけた。
- C　見つけられなかった。

8．板書計画

ごんぎつね　新美南吉

場面①②を読み、ごんの変化をとらえよう

ごんのいたずら
①いも
②菜種がら
③とんがらし
雨上がりの様子
兵十のまずしい様子
ごんとうなぎ（ユーモラス）
そう式だ
①お歯黒
②かみ
③おおぜいの人
④よそゆき
⑤大きななべ
まつりではない
①たいこ
②ふえ
③のぼり
ちょっ、あんないたずらを
しなけりゃよかった
反せい・後かい

第四章

国語科教材と授業〈1〉—文学的文章

ごんぎつね

第４学年　国語科学習指導案

〇〇県〇〇〇立〇〇小学校
〇〇〇〇年〇〇月〇〇日（〇）
授業者　〇〇　〇〇

１．単元名　物語を読もう
２．教材名　ごんぎつね
３．指導目標
⑴　繰り返し音読して、音読の仕方を理解する。
⑵　話し合いを通して、登場人物の変化に気づく。
⑶　描写の文章を知る。
４．指導計画（全４時間）

時	指導内容	評　価
第１時	一斉音読を繰り返し、内容のあらましをつかむ。	教材文がすらすら読めたか。
第２時（本時）	前半部のいくつかの課題を考え、話し合う。	課題に答えることができたか。
第３時	後半部のいくつかの課題を考え、話し合う。	課題に答えることができたか。
第４時	全体を通読して、物語全体の感想を話し合う。	自分の感想を発表することができたか。

５．第２時の指導事項
⑴　ごんのしたいたずらとその心情を読み取る。
⑵　ごんの心情の変化を読み取る。
⑶　描写の文を見つける。
６．第２時の授業展開（▽印は音読指導を示す）

分	学習内容	指導と学習活動	評価・留意点
0	1　学習内容を知る	ごんぎつね　新美南吉　**（板書）** 1　場面①と②を学習しましょう。 場面①②を読み、ごんの変化をとらえよう　**（板書）**	1　礼をした後、すぐに板書する。筆順を正確に書く。
5	2　場面① 一斉音読	2▽場面①を声をそろえて読みましょう。教科書をしっかり持って。「これは、わたしが……」ハイ。（４分24秒）よく読めました。	2　一斉音読はこれから学習する文章に意識を集中させる効果がある。
	物語の構成	2－2　「これはわたしが……おとの様がおられたそうです。」は、昔話によく使われる言葉と同じ役割をしています。何でしょう。 【解　むかしむかし（あるところに）】	2－2　教材文を□で囲み、「むかしむかし」と書かせる。
	行動描写	2－3　ごんのいたずらを教科書から三つ探して線を引きましょう。 【解　1　畑へ入っていもをほり散らした。 2　菜種がらのほしてあるのに火をつけた。 3　とんがらしをむしり取っていった。】 ごんのいたずら ①いも②菜種がら③とんがらし　**（板書）**	
10	心理描写	2－4　なぜ、いたずらばかりするのでしょう。 【解答例　1　おもしろいから 2　かまってもらいたいから 3　たいくつだから　など】	2－4　小学生には難しい問題なので、一人か二人で切り上げる。
15	自然描写	2－5　雨上がりの様子を詳しく書いてある文章を一つ見つけて□で囲みましょう。 【解　ごんは、村の小川のつつみまで……ぬかるみ道を歩いて行きました。】 雨上がりの様子　**（板書）**	2－5　以下、補助発問である。 ①このときの天気は何でしょう。【解　晴れ】 ②どこで分かりますか。【解　雨のしずくが光っていました。】
	人物描写	2－6　兵十のくらしが貧しいと分かるところに線を引きましょう。【解　ぼろぼろの黒い着物】 兵十のまずしい様子　**（板書）**	
	ユーモア	2－7　ごんとうなぎの様子がユーモラスに（思わず笑ってしまうように）描かれている段落を一つ見つけて□で囲みましょう。 【解　いちばんしまいに……にげていきました。】 ごんとうなぎ（ユーモラス）　**（板書）**	2－7　ユーモラスな描写に気づかせる課題である。初めてで難しいので軽く扱う。隣同士で見せ合って確認する。

五　授業評価

1　学習後の感想で評価する

学習の最後に、お互いの感想を聞き合うことは児童の相互評価になる。友だちの感想を聞きながら自分との類似点や相違点を比較したり、自分で気づかなかった新たな観点を取り入れて自分の考えを再構成したりして、次第に質の高い考察に成長していく。教師にとっては、授業内容の理解度や児童が興味をもつポイント、今後の読書への意欲などを知り、授業評価することができる。

2　自分で他の作品を読むようになったかどうかで評価する

教材の学習後、読書指導や朝読書の時間にどんな本を選んで読んでいるか、進んで楽しく読んでいるか、児童の様子を観察する。また、学校や家庭で読んだ本の書名を記録する読書記録を書かせることによって、児童の読書の実態やその変化の様子を知ることができる。このようにして、児童の読書への意欲が高まったかどうかで授業評価を行う。

3 好きな作品を選べるかどうかで評価する（人気投票）

詩では、学習後の人気投票で好きな作品を選べるかどうかで授業評価することができる。教材の詩の魅力を理解できていれば、その中から好きな詩を選ぶことができる。選んでいるときの児童の表情や様子を観察すると、教材として選んだ作品が適切であったかどうかも分かる。

4 暗唱できたかどうかで評価する

詩の全編または一節、小説の気に入った部分などが暗唱できるようであれば、その学習は児童の脳裏に深く刻まれ、その後の人生においても大切な知的財産になる。幼い頃に読んだ詩や物語の意味が、大きくなって似たような体験をしたときに初めて「こういうことを意味していたのか」と理解できることもある。詩や物語・小説の文言を記憶していたからこそ、長い年月を経て学ぶことができたといえる。後になって分かる価値は多い。名文・名言・名句の暗唱は、生涯にわたっての学習という視点からも意義が深い。

六　指導参考書

1　三読法

『国語教育方法論史』飛田多喜雄著　明治図書　一九六五年
『国語科教育方法論大系10』飛田多喜雄著　明治図書　一九八四年

2　教科研方式

『国語教育の理論　続』奥田靖雄・国分一太郎編　むぎ書房　一九七七年

3　単元学習

『大村はま国語教室』全15巻別巻1　大村はま著　筑摩書房　一九八二〜一九八五年
『単元学習の進め方』倉澤栄吉・田近洵一他編著　教育出版　一九八二年

4　一読総合法

『一読総合法入門』児童言語研究会編　明治図書　一九六七年
『新・一読総合法入門』児童言語研究会編　一光社　一九七六年

5 文芸研の読み

『西郷竹彦文芸教育著作集』全20巻・別巻3巻　明治図書　一九七五〜一九八二年

6 基本的指導過程

『講座国語科の基本的指導過程』全5巻　輿水実著　明治図書　一九六五年

7 課題解決（課題づくり）学習

『「課題」のある国語の授業』実践国語研究双書12　北海道教育実践研究会著　明治図書　一九九〇年

8 読み研（科学的「読み」の研究会）方式

『「一つの花」の読み方指導』〈教材研究の定説化1〉大西忠治編・日浦成夫著　明治図書　一九九一年　同編「ごんぎつね」〈2〉・「モチモチの木」〈3〉・「オツベルと象」〈4〉

9 分析批評

『「分析批評」の学び方』教育新書88　望月善次著　明治図書　一九九〇年

『分析批評入門　新版』授業への挑戦48　川崎寿彦著　明治図書　一九八九年（一九六七年の復

刻版）

10　言語技術教育

『文学的文章で何を教えるか』市毛勝雄著　明治図書　一九八三年
『文学教材の授業改革論』市毛勝雄著作集第３巻　市毛勝雄著　明治図書　一九九七年

第五章
国語科教材と授業〈2〉
―論理的文章

一　音読

音読は、国語の学習の要である。まず、本文がすらすら読めることが、本文理解の第一歩である。家庭学習に頼らず、授業中に何度も一斉音読すれば、どの児童にも読む力がつく。

1　音読の方法

音読は、読点で休まずすらすら読む。一斉音読がよい。一斉音読だと速く読めない児童がかわいそうだと考える教師もいるが、一番遅く読む児童に速さを合わせると、文章全体の内容が頭に入りにくくなる。速く読めない児童も、教室全体の速さに合わせて読もうと努力するため、だんだん読み方が速くなるし、他の児童の音読を聞いて内容を理解できるため、その後の学習に参加することができる。一人一文ずつ読んだり、グループごとに読んだりするのは、自分の読む場所だけに集中してしまうためよくない。

2　音読の速さ

一年は、文字を覚えたばかりで、あまり速く読むことはできない。分かち書きになっている文を用いて、一つの言葉のまとまりでゆっくり読むようにする。学習の終わり頃には、分かち書きで一拍おくことなく、すらすら読めるようにする。

二年は、ある程度文章を読むことに慣れてきているので、句点と読点で少し間を空ける程度ですらすら読めるように音読練習を繰り返す。授業の初めでは、一分間に二五〇字程度の速さで読み、五時間程度学習した頃には、一分間に三〇〇字程度の速さですらすら読めるようにする。

三年、四年は一分間に三〇〇字程度の速さですらすら読む。

五年、六年は一分間に三五〇字程度の速さですらすら読む。

3　音読の回数

全文音読一回、本時の段落一回、中心文や主要語句を見つける度に、対象としている段落を必ず音読する。解答も音読する。授業の最後には、まとめの全文音読を行う。音読は多ければ多いほどよい。

二　リライト教材による「段落・語句・文章構成」学習

1　リライト教材の目的

児童の実情に合わせて、教材を作り直したものをリライト教材という。リライト教材は二種類ある。一つは、教科書教材を書き直して使用するものである。もう一つは、児童の小論文や図鑑や本などを基にして、練習教材用に教師が作成したものである。リライト教材は、短時間で論理的な文章の読み方を指導するために、学年の発達段階に合わせて二十分程度で扱えるように作成する。

2　リライト教材の特徴

(1)　段落は、論理的文章の基本構成である「はじめ」「なか1」「なか2」「まとめ」の四段落構成及び五年生以上は「むすび」を加えた五段落構成である。

(2)　各段落に一つずつ、明確な主要語句（キーワード）がある。

(3)　文章構成は、「はじめ」「なか1」「なか2」「まとめ」（「むすび」）とする。

3 リライト教材の学習方法

(1) 教科書本文のリライト教材は、第一時に用いる。簡潔な文章を用いて、論理的文章の読み方の基本（段落・主要語句・文章構成）を学ぶことができる。短い文章なので、多くの児童が正解でき、自信をつけることができる。

教科書本文は、該当学年の児童にとって、文章が長く、文章構成が複雑で分かりにくいことが多い。リライト教材で要約を読むことにより、内容への興味が湧くとともに、抵抗感が減るという効果がある。

(2) 教師の作成したリライト教材は、毎時間の最初の十分や朝学習、宿題などで活用できる。

4 リライト教材の指導の概要（十〜四十五分扱い）

(1) 文章を二回全文一斉音読する。
(2) 段落に番号をつける。
(3) 各段落の主要語句を見つける（「はじめ」と「まとめ」の主要語句は教えてもよい）。
(4) 文章構成表に主要語句を記入する。
(5) 文章構成表を音読する。
(6) 全文を一斉音読する。

5　教科書リライト教材の指導の実際

(1)　すがたをかえる大豆

わたしたちの食事で多くの人がほとんど毎日口にしているものが大豆です。　○

大豆にふくまれる大切なえいようだけを取り出して、かためたものがとうふです。大豆を一ばん水にひたし、なめらかになるまですりつぶします。これに水をくわえて、かきまぜながら熱します。その後、ぬのを使って中身をしぼり出します。しぼり出したしるににがりというものをくわえると、かたまって、とうふになります。　○

コウジカビの力をかりたものが、みそです。みそを作るには、まず、むした米か麦にコウジカビをまぜたものを用意します。それと、しおを、にてつぶした大豆にくわえてまぜ合わせます。ふたをして、風通しのよい暗いところに半年から一年の間おいておくと、大豆はみそになります。　○

たくさんのえいようを取り入れるため、大豆はいろいろなすがたで食べられています。　○

学習課題

問1　声をそろえて読みましょう。

問2　段落に番号をつけましょう。

問3　空いている（　　）に主要語句を書きましょう。

問4　学習したことを思い出しながら声をそろえて読みましょう。

段落	文章構成	主要語句
①	はじめ	（大豆　　）
②	なか1	（　　　　）
③	なか2	（　　　　）
④	まとめ	（いろいろなすがた）

【解答】②とうふ　③みそ

(2) 発問・指示・説明

① リライト教材「すがたをかえる大豆」を学習します。読みましょう。「すがたを……」ハイ。
② この文章は、論理的文章です。段落、主要語句、文章構成を考えて読みましょう。
③ 全文を音読しましょう。「わたしたちの……」ハイ。
④ もう一度音読しましょう。「わたしたちの……」ハイ。
⑤ たいへん上手に読めました。
⑥ 段落に番号をつけましょう。全部で何段落ありましたか。【解　四段落】
⑦ 文章構成表の段落の名前を読みましょう。【解　「はじめ」、「なか1」、「なか2」、「まとめ」】
⑧ 「はじめ」の主要語句は「大豆」です。大豆という言葉を丸で囲みましょう。
⑨ 「まとめ」の主要語句は「いろいろなすがた」です。「いろいろなすがた」を丸で囲みましょう。
⑩ 「なか1」の主要語句は何ですか。音読して探しましょう。「大豆にふくまれる……」ハイ。
⑪ 近くの人と話し合ってみましょう。【解　とうふ】
「とうふ」を丸で囲み、（　　　　）の中に書きましょう。
⑫ 「なか2」の主要語句は何ですか。音読して探しましょう。「コウジカビの力を……」ハイ。
⑬ 近くの人と話し合ってみましょう。【解　みそ】
「みそ」を丸で囲み、（　　　　）の中に書きましょう。
⑭ 主要語句が全部見つかりました。文章構成表を音読しましょう。「①はじめ、大豆……」のように読みます。「①はじめ、……」ハイ。

⑮　大変上手に読めました。
⑯　全文を音読しましょう。「わたしたちの……」ハイ。
⑰　とてもすらすら読めました。
⑱　この学習をしてどんなことが分かりましたか。

【予想される児童の回答】

・「いろいろなすがた」は、とうふやみそだと分かった。
・すらすら音読すると、文章全体がよく分かる。
・段落に一つ主要語句があることが分かった。
・主要語句を探すと、文章全体が理解できた。

6　自作リライト教材例の指導の実際

(1)　小学三年

朝ごはん

兄さんと朝ごはんを食べた。○

めだまやきにしょうゆをかけて食べた。ソースをかけて食べた。○

とうふとわかめのみそしるを飲んだ。わかめがかたかった。○

一人で食べるよりおいしかった。○

学習課題

問1　声をそろえて読みましょう。

問2　段落に番号をつけましょう。

問3　空いている（　　）に主要語句を書きましょう。

段落	文章構成	主要語句
①	はじめ	（朝ごはん　　）
②	なか1	（　　）
③	なか2	（　　）
④	まとめ	（おいしかった　）

問4　学習したことを思い出しながら、声をそろえて読みましょう。

【解答】②めだまやき　③みそしる

(2) 小学六年

ものの名前

ものに一つ一つ別の名前をつけ、必要に応じてものの集まりにも名前をつける。○

日本人の漁夫は、ボラという魚を小さいときにはスバシリと呼び、少し大きくなるとイナ、もっと成長するとボラ、さらに成長するとトドと呼ぶ。成長の時期の違いによって、異なった名前で呼ぶが、英語ではマリットという名前だけしかない。これは日本人が魚をよく食べるという生活習慣からきている。○

昔から肉をよく食べていたヨーロッパでは、例えば、英語ではチキン（鶏の肉）、ビーフ（牛の肉）、ポーク（豚の肉）というふうに、違った名前がつけられている。昔はあまり獣の肉を食べなかった日本人は、鶏の肉も牛の肉も豚の肉もみんな「肉」と呼び、しいて区別するときはトリ肉、牛肉、豚肉という。○

生活に深く関わっているものの名前は、固有の呼び方が発達するものである。○

名前の呼び方やつけ方から、言葉は社会が作り上げたということが分かる。○

学習課題

問1　声をそろえて読みましょう。

問2　段落に番号をつけましょう。

問3　空いている（　　）に主要語句を書きましょう。

段落	文章構成	主要語句
①	はじめ	（ものの名前　）
②	なか1	（　　）
③	なか2	（　　）
④	まとめ	（固有の呼び方　）
⑤	むすび	（言葉は社会が作り上げた）

問4　学習したことを思い出しながら声をそろえて読みましょう。

【解答】 ②ボラ　③肉

三　学習指導案例「こまを楽しむ」

1　論理的文章教材を学習する目的

論理的文章教材を学習する目的は、正確な情報を伝達するための文章が一定の形式で構成されていることを学ぶためである。文学的文章が人生を楽しく豊かにするために、自由な構成の文章を読むのとは対照的である。

(1)　段落の意味を理解する

多くの自然科学論文や社会科学論文を読むと、一つの段落に一つの事項が記述されている。これを一段落一事項という。論理的文章を読むときは、その意味段落に書いてある内容を大づかみにとらえながら読むという読み方をする。

(2)　各段落の主要語句を見つける

主要語句（キーワード）とは、一つの意味段落において話題の中心となる語句のことである。意味段落を読んで主要語句を取り出すことができれば、その意味段落に書いてある内容を理解できたといえる。教材によっては主要語句を短く取り出しにくい場合もあるが、その場合は、教師が整理して答えやすくするとよい。

(3) 文章構成を理解する

論理的文章には「形式」がある。基本形式として、次の四つの要素を認めることができる。

はじめ　①（序論）　述べる対象のあらましを書く。

なか　②（本論）　具体的事例のいくつかを詳しく書く。

まとめ　③（考察）　複数の具体的事例に共通する性質を述べる。

むすび　④（結論）　共通する性質の価値を、主張として述べる。

この四つの中で大切なのが、「②具体的事例（なか）」から「③考察（まとめ）」を導き出す部分である。複数の具体的事例から、共通性を導き出す論理的思考を「帰納論理」という。帰納論理は、自然科学において発展してきた考え方である。この推論の方法を論理的文章の書き方の学習指導に活用するのである。

論理的文章の構成は、次のようになっている。

具体的事例１（「なか１」）

具体的事例２（「なか２」）

考察（「まとめ」）……「なか１」、「なか２」、に共通する性質

（「まとめ」を考えることが帰納的推論となる）

結論（「むすび」）……共通性から導かれる主張

（「むすび」を考えることが演繹的推論となる）

2 論理的文章教材の種類

教科書の論理的文章教材は、次の四つに大別できる。

(1) 記録 (2) 報告 (3) 論説 (4) 説明

これらを、「音読」「段落」「主要語句(キーワード)」「文章構成」の四つの観点で指導する。論理的文章教材は、書かれている内容を理解するだけで終わらない。文章構成を基にして読み、その文章構成を用いて自分で論理的文章を書くことで、論理的思考力・表現力を身につけることができる。

3 よい論理的文章教材の特徴

(1) 論理的な文章構成で書かれている。
(2) 一段落一事項で書かれていて主要語句が取り出しやすい。
(3) 具体的事例が二つ以上あり、その共通する性質で「まとめ」が書かれている。
(4) 論理的文章を書くときの手本になる。

4 論理的文章教材の学習方法

(1) すらすら読めるまで音読練習をする。

(2) 難しい語句の説明を聞く。
(3) 形式段落に番号をつけ、意味段落にまとめる。
※「こまを楽しむ」は、形式段落と意味段落が一致した理想的な教材なので、まとめる必要がない。
(4) 意味段落の主要語句を見つけ出す。
(5) 同じ文章構成で論理的文章を書く。

5 論理的文章教材の指導の実際（三時間）

(1) 指導計画

① 第一時

ア リライト教材を使って、基本事項を学ぶ。
イ 教科書の全文を一斉音読する。
ウ 語句の学習をする。

② 第二時

ア 教科書の全文を一斉音読する。
イ 文章構成を考える。
ウ 各段落の主要語句を選ぶ。
エ 文章構成表の主要語句を音読する。

オ　全文を一斉音読する。

③　第三時

ア　教科書の全文を一斉音読する。
イ　文章構成表の主要語句を音読する。
ウ　教材文全体について、いくつかの課題を考える。
エ　教科書の全文を一斉音読する。
オ　学習の感想を述べる。（全員）

	主要語句	5－4　「鳴りごま」は、この段落の一番大切な言葉で、主要語句です。教科書に鉛筆で囲んで目立つようにしておきましょう。	5－4　主要語句に印をつけることで論理的文章の理解が深まる。
25	6　「なか3」の主要語句を調べる 一斉音読 主要語句	6▽④段落をみんなで読みましょう。「さか立ちごまは……」ハイ。(22秒) よく読めました。 6－2　「なか3」で紹介されているこまは、何というこまですか。【解　さか立ちごま】 6－3　「さか立ちごま」は、主要語句です。鉛筆で囲みましょう。	6　学習する段落を一斉音読してから答えさせる。
	7　「なか4」の主要語句を調べる 一斉音読 主要語句	7▽⑤段落をみんなで読みましょう。「たたきごまは……」ハイ。(20秒) よく読めました。 7－2　「なか4」で紹介されているこまは、何というこまですか。【解　たたきごま】 7－3　「たたきごま」は、主要語句です。鉛筆で囲みましょう。	7　「一斉音読→主要語句を探す→丸で囲む」という同じ流れを繰り返すことで学習にテンポが生じる。
30	8　「なか5」の主要語句を調べる 一斉音読 主要語句	8▽⑥段落をみんなで読みましょう。「曲ごまは……」ハイ。(27秒) よく読めました。 8－2　「なか5」で紹介されているこまは、何というこまですか。【解　曲ごま】 8－3　「曲ごま」は、主要語句です。鉛筆で囲みましょう。	8　繰り返しの学習によりコツがつかめるようになったとき、「技術が身についた」といえる。
	9　「なか6」の主要語句を調べる 一斉音読 主要語句	9▽⑦段落をみんなで読みましょう。「ずぐりは……」ハイ。(27秒) よく読めました。 9－2　「なか6」で紹介されているこまは、何というこまですか。【解　ずぐり】 9－3　「ずぐり」は、主要語句です。鉛筆で囲みましょう。 9－4　「なか1」から「なか6」の主要語句を続けて言いましょう。【解　色がわりごま・鳴りごま・さか立ちごま・たたきごま・曲ごま・ずぐり】	9－4　「なか」の六つの主要語句を言わせて確認する。
	10　「まとめ」の主要語句を調べる 一斉音読 主要語句	10▽「まとめ」の⑧段落を一緒に読みましょう。「このように……」ハイ。(21秒) よく読めました。 10－2　こまの同じところは何だと書いてありますか。線を引きましょう。 【解　じくを中心にバランスを取りながら回る】 10－3　「まとめ」の内容に合うように（　）に言葉を入れましょう。 〈まとめ〉 （じく）を中心に（バランス）を取りながら回るつくりに、（くふう）をくわえて楽しいこまを生み出してきた。 **（板書）**	10－2　「まとめ」は具体例の共通性を述べていることに気づかせる。 10－3　「まとめ」の主要語句は単語では抜き出せない。慣れるまでは、全体は教師がまとめ、（　）内の言葉だけを考えさせるのがよい。
35	11　「はじめ」の主要語句を調べる 一斉音読 主要語句	11　文章の話題を紹介するのが「はじめ」でしたね。「はじめ」は①段落です。 11－2▽①段落を一緒に読みましょう。「こまを回して……」ハイ。(25秒) よく読めました。 11－3　「はじめ」の主要語句は何でしょう。 【解　こま】	11－3　初めは答え方に迷うので「二文字です」「おもちゃの名前です」などのヒントを出すとよい。
40	12　学習のまとめ 一斉音読	12　今日は文章構成と主要語句を調べました。 12－2▽①段落から⑧段落までをみんなで読みましょう。「こまを回して……」ハイ。(3分11秒) 12－3　昨日よりまた上手になったね。	12－3　繰り返しほめる。
45	13　次時の予告	13　次の時間は、文章構成と主要語句をノートにまとめます。	13　次時の予告をする。

7．授業評価

(1)「はじめ」「なか」「まとめ」の文章構成を理解できたか。

A　「はじめ」「なか」「まとめ」がどの段落か、またそれぞれの役割を理解できた。
B　「はじめ」「なか」「まとめ」がどの段落かを理解できた。
C　「はじめ」「なか」「まとめ」がどの段落かを理解できなかった。

(2) 各段落の主要語句を見つけることができたか。

A　自分の力で見つけることができた。
B　話し合いの中で見つけることができた。
C　見つけることができなかった。

こまを楽しむ
第３学年　国語科学習指導案

○○県○○○立○○小学校
○○○○年○○月○○日（○）
授業者　○○　○○

１．単元名　段落の中心になる言葉や文をとらえて読もう
２．教材名　こまを楽しむ
３．指導目標
⑴　音読を繰り返して、文章の読み方に習熟する。
⑵　文章構成及び主要語句に気づく。
⑶　学んだことをノートに書き、感想を発表することができる。
４．指導計画（全４時間）

時	指導内容	評　価
第１時	一斉音読を繰り返し、内容のあらましをつかむ。	教材文がすらすら読めたか。
第２時（本時）	文章構成・主要語句を調べる。	文章構成を理解し、主要語句を見つけることができたか。
第３時	文章構成・主要語句をノートにまとめる。	文章構成表をノートに正確に書くことができたか。
第４時	教材文全体についての課題に答え、感想を発表する。	課題に答え、感想を発表することができたか。

５．第２時の指導事項
⑴　教材文の音読練習を繰り返し、すらすら音読する。
⑵　文章構成を調べる。
⑶　各段落の主要語句を調べる。
６．第２時の授業展開（▽印は音読指導を示す）

分	学習内容	指導と学習活動	評価・留意点
0	1　学習内容を知る	こまを楽しむ 文章こう成と主よう語句を調べよう　**（板書）** 1　今日は、「こまを楽しむ」の文章構成と主要語句を調べましょう。 1－2▽題名とめあてを一緒に読みましょう。ハイ。	1　礼をした後、すぐに板書する。筆順を正確に書く。 1－2　板書を音読させ、ノートに丁寧に書かせる。
5	2　全文を斉読する 一斉音読	2▽昨日はたくさん読む練習をして、とても上手に読めるようになりました。全文を一緒に読みましょう。「こまを回して……」ハイ。（3分11秒）上手に読めました。	2　前時の成果をほめ、音読に自信と意欲をもたせる。 3年では1分間に300字の速さが基準である。
    10	3　基本の文章構成を確認する 文章構成 役割	3　今日はこの文章がどんな組み立てになっているのか、構成を調べます。 3－2　論理的文章の基本の構成は何でしたか。 **【解　はじめ・なか・まとめ】** 3－3　それぞれの役割を確認しましょう。 ①「はじめ」…全体のあらまし ②「なか」……具体例 ③「まとめ」…筆者の言いたいこと	3　論理的文章の基本的な構成は、小論文を書く指導と合わせて繰り返し指導する。 3－3　3年では抽象的思考を要する「むすび」（主張）は指導しない。
15	4　「なか1」の主要語句を調べる 一斉音読 主要語句	4　この文章は、具体例として何種類のこまを紹介していますか。**【解　6種類】** 4－2　6種類のこまのことは何段落から何段落に書いてありますか。**【解　②段落から⑦段落】** 4－3　そうですね。よく分かりました。②から⑦段落が「なか」ですね。 4－4▽②段落をみんなで読みましょう。「色がわりごまは……」ハイ。（21秒）よく読めました。 4－5　一つ目の具体例なので「なか1」とします。 4－6　「なか1」で紹介されているこまは、何というこまですか。**【解　色がわりごま】** 4－7　「色がわりごま」は、この段落の一番大切な言葉で、「主要語句」といいます。教科書に鉛筆で囲んで目立つようにしておきましょう。	4　この文章は「なか1～6」の主要語句（こまの名前）が各段落の最初に書かれていて分かりやすく、教材として優れている。 4－4　初めに学習する段落を一斉音読する。 4－7　「主要語句」の概念を教える。
20	5　「なか2」の主要語句を調べる 一斉音読	5▽③段落をみんなで読みましょう。「鳴りごまは……」ハイ。（20秒）よく読めました。 5－2　二つ目の具体例なので「なか2」とします。 5－3　「なか2」で紹介されているこまは、何というこまですか。**【解　鳴りごま】**	

(3) 板書計画

こまを楽しむ

文章こう成と主よう語句を調べよう

〈まとめ〉

（じく）を中心に（バランス）を取りながら回るつくりに、（くふう）をくわえて楽しいこまを生み出してきた。

(4) 文章構成表

こまを楽しむ

段落	役割	主要語句
①	はじめ	こま
②	なか1	色がわりごま
③	なか2	鳴りごま
④	なか3	さか立ちごま
⑤	なか4	たたきごま
⑥	なか5	曲ごま
⑦	なか6	ずぐり
⑧	まとめ	（じく）を中心に（バランス）を取りながら回るつくりに、（くふう）をくわえて楽しいこまを生み出してきた。

四　読書指導

1　参考図書

『宇宙をみたよ！宇宙へ行くとほんとうがみえてくる』宙野素子著　偕成社　一九九四年
『熱帯雨林とわたしたち』サリー・モーガン著　文溪堂　二〇〇一年
『カマキリ』今森光彦著　アリス館　二〇〇三年
『アリからみると』桑原隆一著　福音館書店　二〇〇四年
『なぜ？　どうして？　科学のお話3年生』渡辺利江他著　学研プラス　二〇〇九年
『Jr.日本の歴史』平川南他著　小学館　二〇一〇年
『大人も子どもも夢中になるはじめての宇宙の話』佐藤勝彦著　かんき出版　二〇一四年
『農業の発明発見物語』小泉光久著　大月書店　二〇一五年

2　本の紹介

授業前、授業中、授業後の一番効果的な時期に授業で扱う教材と関連のある本を児童に紹介する。

五　授業評価

1　音読で評価する

つかえて、すらすら読めない場合は、まだ音読の練習が足りていないといえる。学年に応じた速さで（一分間に二五〇字から三五〇字）読めているかで、読み方を評価する。

2　段落ごとの主要語句が選べたかで評価する

一段落に一つの主要語句が選べたかで評価する。選びにくい段落の場合は、教師が教える。児童が自分で主要語句を選べるかで評価する。

3　文章構成表が作れたかで評価する

初めのうちは、教師が作成した文章構成表の空欄を埋めることができたかどうかで評価する。慣れてきたら、ノートに自分で文章構成表を作成できたかで評価する。段落の役割（「はじめ」「なか1」「なか2」「まとめ」「むすび」）を理解したかで評価する。

六　指導参考書

『説明文の読み方・書き方』市毛勝雄著　明治図書　一九八五年
『読みの授業の筋道　全8巻』市毛勝雄編著　明治図書　一九八九～一九九〇年
『説明文教材の授業改革論』市毛勝雄著　明治図書　一九九七年
『論理的思考を育てる授業の開発　小学校編』深谷幸恵著　明治図書　二〇〇三年
『論理的思考力を育てる段落指導用（リライト）教材集成』市毛勝雄編　日本言語技術教育学会　東京神田支部著　明治図書　二〇〇二年
『寺田寅彦』寺田寅彦著　ちくま日本文学034（文庫）筑摩書房　二〇〇九年
『小学校国語科　論理的文章を書く力を育てる書き方指導　論理的思考力・表現力を身につける小論文指導法』長谷川祥子著　明治図書　二〇一七年

第六章

国語科教材と授業〈3〉

―小論文を書く

一　「小論文を書く」指導――本質・目的・テーマ・評価・学習用具

「小論文」とは、四〇〇字以内の学習用の論理的文章のことである。ここでいう論理的文章とは科学論文の書き方教科書に学んだ形式をもつ文章のことで、複数の事実が記述された段落、及び事実の共通性が記述された段落、という二種類の段落から成り立っている。

近代科学の基礎を形成し、発展を支えた自然科学論文の役割は絶大であった。

一九〇〇年代中期までは、理科系大学研究室の教授が新たに入ってきた学生諸君に対して、論文の書き方指導を行っていた。論文を書く人は一部の専門家に限られていたからである。

一九〇〇年代後半期に入ると、コンピュータの発達によって論理的文章「記録・報告・説明」を書く能力は、社会全体で広く要請されるようになった。文科系の経済学部・文学部・教育学部・教養学部の学生諸君も、さらには高校の卒業生までもが「記録・報告・説明」の書き方を身につけていないと就職に差し支えるようになった。本章はその要望に応えようとしている。

二　論理的文章の特質

論理的文章はおおよそ「記録・報告・説明・論説」の四種類に分類できる。

記録は、観察した事実を時間通りに語句、文などで記述したものをいう。日記、日誌、観察記録、実験記録がそれである。

報告は、観察、記録などを組織的に組み立てて、新しい一連の現象、事象の意義を述べたものをいう。レポートともいう。自然科学の論文は全てこれで、自然科学の分野ごとに専門誌が存在している。文章の形式が厳格に決められていて、各専門誌の表紙には独自の規約として文章構成、ページ数が示されている。この規約を守らない「報告」は受けつけてもらえない。共通している形式は「はじめ・なか1・なか2・なか3・……・考察（まとめ）」である。「事実」の記述は文章、写真、図表、イラストなどがある。新事実の発見報告が最も尊重される。新事実の発見を「追試・確認」した報告も尊重される。

説明は、新製品、新機能を誰にも分かりやすく記述した文章などで、プレゼンテーションといわれることもある。「はじめ・なか1・なか2・……・まとめ」の形式が多い。

論説は、記録、報告による事実を数多く記述して、その要約の後に筆者の主張を述べたもので、新聞社の社説、月刊雑誌の論説記事、経済学、教育学、社会学などの論文等がそれである。「はじめ・なか1・なか2・……・まとめ・むすび（主張）」の形式が多い。

新聞紙面には、「天声人語」「編集手帳」などと名づけられたコラムといわれる六〇〇字ほどの欄がある。各社の名文家が腕を競って、読み応えのある文章が多い。ただし、これを小・中学生に読ませるときに注意する点が一つある。それはコラムの文章は「題名なし」の文章だということである。題名がないから、文章ごとに巧妙な文章構成の仕かけがしてある。文章構成の原則を見つけようとすると、児童は苦労することになる。こういうわけで、児童に名文の「お手本」だという紹介はしない方がよいのである。

三　テーマ・段落・語句・文章構成

テーマは「おてつだい」「遠足」「運動会」など、クラスの仲間とともに共有できる体験を選んでいる。これは友人たちと一緒に体験した活動を文章表現する学習によって、皆の文章と比較して表現の技術を学習する機会とするためである。

一段落には一つの事柄を書く、というのが論理的文章の基本である。千数百年間、随筆と物語の文章に育てられた日本では、一段落一事項を組み立てて一つのテーマを表現するという文章観がなかった。この学習指導については、後掲の「小論文『おてつだい』を書く」（一〇五ページ参照）学習指導案の二時間目の学習内容「4—2」から「6—3」に具体的に記述した。

前項「二　論理的文章の特質」に述べたように、自然科学関係の専門誌は募集している「報告」の**文字数・形式の厳守**を要求している。文字数・形式に厳重なルールがあると個性的な文章が書けない、という人がいるが、それは随筆などの芸術的文章の世界の話である。自然科学の「報告」の雑誌では厳重な形式が守られているおかげで、忙しい読者は知りたい結論だけをすぐに読むことができるし、知りたかった新しい実験技術だけをすぐに読めるのである。

四　小論文指導の学習用具

児童が書く**原稿用紙**は、従来使われた「タテ書」原稿用紙ではなく、「ヨコ書」Ａ４判原稿用紙を横に倒してタテ書きとして使うのがよい。理由は「タテ書」用紙は中央に二つ折り用の目印があり、小論文の段落指導のときに邪魔になるからである。「原稿用紙」は「児童一人一冊」を用意する。また、年間四〜五回の学習があり、学習一回でワークシート一枚、原稿用紙二枚の計三枚が一綴りとなる。総計一人十六〜二十枚となる。ファイルを児童の人数分用意する。

筆記用具は、児童に**鉛筆**（濃さ２Ｂ〜４Ｂ）を四、五本、大型の**消しゴム**一個を用意させる。ボールペンは使わせない。

五　板書を効果的に使う

学習指導案「小論文『おてつだい』を書く」の二時間目の学習内容「3—5」では、「Aさん、あなたの書いた『なか1、なか2、まとめ』の語句を黒板に書いて来なさい」という指示を出している。また、同学習内容「6—3」では、(「なか」を一つ書いた児童に)「これいいね、黒板に書いてください」という指示を出している。

このように、児童の原稿を見て、語句や文がほぼでき上がっている児童に板書させると、喜んで板書する。大事なのは板書した内容のどこかを必ずほめて、黄チョークで大きな丸印をつけることである。児童は一度でも恥ずかしい思いをすると懲りてしまって二度と板書に応じなくなる。

児童が板書した語句や文は、クラスの児童が皆羨望の目で見る。「まねをしていいんだよ」と言うと、書くのに困っている児童は喜んで参考にして文章を書く。特に成績のよい児童である必要はない。また、板書の文字も何回か書いているうちに、誰でも驚くほど上手になっていく。

児童は白チョーク、教師は黄チョークと決めておく。赤チョークは光って見えにくいことが多い。板書の文章で誤字、脱字があったら、そばにはっきりと黄チョークで添え書きする。そして、修正した板書でも、最後には必ず大きく丸印をつけることが大切である。

児童全員の前で、このような添削指導をすると、公平感がはっきりして、クラスの雰囲気が明るくなる。そして、児童は皆文章を書く作業が楽しくなる、という。

六　プリント教材「小論文の書き方」

小論文の書き方（小・中・各教科共通）

1　形式（400字小論文の例）

構成		役割	文字数
はじめ		全体のあらましを書く。	2行（40字）以内。
なか	1	一つの具体例を詳しく書く。感想・意見は書かない。	7行（140字）以内。
	2	「なか1」とは別の具体例を一つ書く。感想・意見は書かない。	7行（140字）以内。
まとめ		「1」と「2」とに共通する感想・意見を書く。	2行（40字）以内。
むすび		「まとめ」の感想・意見がすべての人に当てはまるという主張を書く。	2行（40字）以内。（論説・高校から）

2　論理的文章（科学的文章）の種類

(1)　記録　事柄を時間通りに書いた文章。「なか1・なか2・なか3…」。（日記・観察記録・実験記録）

(2)　報告　新しい事柄の発見を詳しく書いた文章。発見したことを発表すること。自然科学の論文は全てこの報告である。報告の文章は決められた形式「はじめ・なか1・なか2・……・まとめ」で書かれる。

（「なか」は文章、写真、統計等）。（リポート。自然科学専門誌はリポートで形成されている。現象・事実新発見の報告は、多数の追試による確認を受けて「事実」として認定される）

(3)　論説　多くの記録・報告を基にして、最後に「主張」（むすび）を述べた文章。経済学・教育学・社会学等の論文、新聞社説・月刊雑誌（文藝春秋・中央公論等）の論文など。（高校生から書く学習がある）

(4)　説明　新しいこと・もの、珍しいこと・ものの性質・性能などを分かりやすく書いた文章。ゲーム機・ケータイの「取り扱い説明書」など。

（プレゼンテーションともいう）

「はじめ・なか1・なか2・なか3・……・まとめ」の形式によって述べる。

3　キーワード表

テーマ　夏休み　　（テーマと区別する）

題名　おまつり　（題名）

おまつり

おまつりに行った。　①（はじめ）

おめんを買った。　②（なか1）

やきそばを食べた。　③（なか2）

楽しかった。　④（まとめ）

キーワード表（右の「おまつり」から抜き出そう）

キーワード	段落	文章構成
	①	はじめ
	②	なか1
	③	なか2
	④	まとめ

4　小論文を書くときの注意

(1)　「です、ます」を使わず、「である」を使う。

（「楽しかったです。」のように幼稚な文になるから）

(2)　慣用句を使わない。（文章の個性がなくなるから）

×テストは楽勝だった。→○テストはやさしかった。

(3)　「……ない。」という否定表現は内容をあいまいにする。

肯定表現で書く。×賛成ではない。→○反対だ。

(4)　「……して、そして、それから」を使いすぎない。

（中心が分かりにくい文章になる）

×朝起きて、そしてご飯を食べて、かばんを持って……

(5)　「、」は意味の切れ目に一文に一か所だけ、打つ。

×うんこの場所で食事にしよう。

→○うん、この場所で食事にしよう。

(6)　名詞で文を切るのは詩の書き方で、意味があいまいになるから、小論文では使わない。

×わたしの好きな花、ばら。

→○わたしはばらの花が好きだ。

(7)　「はじめ」には感想・意見は書かない。

（感想・意見は「まとめ」に書く）

×四月十日に行った山中公園はとても楽しかった。

→○四月十日に山中公園に行った。

(8)　「なか1・なか2」を書く主な技術は次の通りである。

①地名、人名、交通機関名、月日、時刻、品名、値段、個数などを書く。

×ある日の午後、町で友人に会った。

→○十日、午後三時ごろ、山川書店で吉野さんに会った。

②会話の文は、小論文では改行しないで続けて書く。

○母さんが「今日はおそくなるわ」と言った。わたしは「夕食のしたくをしておくよ」と答えた。

③場面の中心を決めて、中心を詳しく書く。

×朝起きて、顔を洗って、ごはんを食べて…

……

→○朝六時に食事のしたくを始める。お皿四枚にパン

④「なか1」と「なか2」とが同じ内容で、時間だけ離れている例は、一つの例と判定される。

⑤「なか」は、事柄だけを書き、感想・意見を書かない。

×おかずの準備はとてもめんどうだ。なぜかというと……

→○おかずの準備は、みそ汁の実を洗うことから始める……

⑥小論文に友人の名が出るときは、仮名を使う。

女子……青山さん、上田さん、大井さん、（ア行）

男子……山川君、湯川君、吉田君、（ヤ行）

(9)　「まとめ」を書くとき、いくつかの「なか（具体例）」の中から「まとめ」の観点にぴったりな例を選び直すと、一貫性のある文章になる。

(10)　小論文を書く順序としては、「なか2」→「なか1」→「まとめ」→「はじめ」の順に書くと書きやすい。

(11)　「題名」は小論文を全部書いてから決める。「まとめ」のキーワードから選ぶと、よい題名になる。

(12)　「むすび」（主張）は、「まとめ」（個人の感想・意見）が「多くの人に共通すること」（一般化）を述べる。（高校以上）

（まとめ）母さんがいなくて心細かった。（感想）

↓

（むすび）家族の大切さがわかった。（一般化）

■

七　プリント教材「小論文書き方ワーク」

小論文書き方ワーク

テーマ	

年	組	番	

キーワード表

①
おまつりにいった。
おめんをかった。
わたあめをたべた。
たのしかった。

②
おまつりにいった。
きんぎょをすくった。
おかねをおとした。
かなしかった。

まとめの表

なか1	なか2	まとめ

③
おまつりにいった。
やきそばをたべた。
きんぎょをすくった。
三びきもとれた。

④
おまつりにいった。
わたあめをたべた。
やきとりをたべた。
おいしかった。

八　プリント教材「どちらがじょうずかな」

どちらがじょうずかな

課題「小論文の書き方」を読んで、次の二つ一組の例文のうち、じょうずな方の記号を○で囲みなさい。
文の長さは関係ありません。
（「小論文の書き方」を参考にしなさい）

「はじめ」

イ　ねこのミーコはわたしのともだちである。

ロ　わたしのとっても大切なともだちは、ねこのミーコ。

＊

ハ　きのう、おむすび山に遠足に行ってとても楽しかった。

ニ　きのう、おむすび山に遠足に行った。

「なか」

ホ　「しょうがいぶつ」のあみくぐりでは伊藤さんのあとから入ったが、出たときは先になって二着になった。運動会で二着になったのは初めてだった。

ヘ　「しょうがいぶつ」とリレーと「きばせん」とつなひきと、ぜんぶで四つに出たがまあまあだった。

＊

ト　大きな沼があった。ボートが三つ浮かんでいた。茶店があった。遊園地があった。たくさんの人が散歩していた。テント村のところどころで煙が上がっていた。

チ　大きな沼にはボートが三つ浮かんでいた。沼のまわりのテント村で散歩している人が多かった。ところどころで炊事の煙が上がっていた。そばに茶店や遊園地が見えた。

＊

リ　おまつりに出かけるときは、おとぎの国に出かけるようにうれしいような心配なような、ふしぎな気持ちになる。神社の境内に並んでいる夜店はみんなよく知っている店ばかりなのに、一軒一軒、売っているものを確かめないと先に進めない。

ヌ　おまつりに出かけるときは近所のみんなと出かける。神社の境内の入り口に、わたあめ屋がある。甘いがすぐに口の中で消えるから食べない。次の店はソースやきそばで、ようじで食べるこのやきそばは、キャベツは少し固いが最高にうまい。

「まとめ」

ル　運動会はおもしろいこともあったが、失敗したこともあって、まあまあだった。

ヲ　運動会は騎馬戦と二百リレーは成功したが、綱引きと百メートルでは失敗した。

＊

ワ　おむすび山ではつかれたが、つかれなかったらいい思い出はできなかったと思う。

カ　おむすび山ではつかれたが、皆に助けてもらったのが、うれしい思い出になった。

（高校生から勉強するよ）

「むすび」

ヨ　この運動会では、みんなでがんばろうと話し合ったことが、とても楽しく、うれしかった。

タ　この運動会では、みんなでがんばろうと話し合ったことが、クラスの団結のきっかけになった。

＊

レ　この登山の思い出は、林の中で点線となって走り回った雷の電光だ。皆は恐怖で林の中でひと塊になって動けなかった。

ソ　この登山の思い出は、林の中でわたしたちの足もとに雷がほんとうに落ちたことである。その恐ろしさは最高だった。■

解答（児童に配布するときは本欄を消去してください。）
注　解説（　）内の数字はプリント教材「小論文の書き方」の「4小論文を書くときの注意」の番号
はじめ　**イ**（ロは(6)、(7)の違反）・**ニ**（ハは(7)の違反）
な　か　**ホ**（へは(8)・①③⑤の違反）・**チ**（トは(8)・③の違反）
　　　　ヌ（リは(8)・①⑤の違反）
まとめ　**ヲ**（ルは(8)・①⑤の違反）・**カ**（ワは(3)の違反）
むすび　**タ**（ヨは気持ちの文だけで一般化の文なし）・**レ**（ソは気持ちの文だけで描写の文なし）

7．板書計画

第2時
小論文　おてつだい

1　キーワード表
ことがら1（単語）
ことがら2（単語）
ことがら3（単語）

2　まとめ
ことがら2（単語）
ことがら3（単語）
←
○先生にマル一つをもらう
←
一次原稿用紙

3　一次原稿用紙
なか1（一文）
なか2（一文）
まとめ（一文）
←
○先生にマル三つもらう
←
二次原稿用紙

25	赤の区切り線	4－6　二次原稿用紙に赤線を３本引きなさい。「はじめ」２行■「なか１」７行■「なか２」７行■「まとめ」２行。	4－6　行間の二重線内に赤線を引く。
30	5 「小論文の書き方プリント」 小論文を書くときの注意 音読指導 一斉音読	5　各段落の内容を詳しく書くための書き方を勉強します。「小論文の書き方プリント」を出しなさい。 5－2 「小論文を書くときの注意」に文章の詳しい書き方が書いてあります。 5－3　まず、先生が読みます。「(１) です、ますを使わず、であるを使う。楽しかったですのように幼稚な文になるから」(８秒)。こういうふうにすらすら読みます。 5－4　では、声をそろえてすらすら読みます。「⑴　です、ますを使わず……」ハイ。(８秒)。はい、上手です。 5－5　その調子で (８)・⑥まで読みましょう。「⑵　慣用句を」ハイ。(３分30秒)。 5－6　はい、上手に読めました。この項目は６年生まで使います。	5－5　１項目ずつ区切って読む。
35	6　二次原稿を書く 板書添削	6　では、繰り返し読みながら、「なか１、なか２」を詳しく書きましょう。 6－2 「キーワード表」を完成する人も、「なか１、なか２」を書く人もがんばりましょう。次の３時間目までに書き上げればいいのです。 6－3 (「なか」を一つ書いた児童に) これいいね、黒板に書いてください。 6－4 (児童の板書に黄チョークで大きくマルをつけながら) 皆さんはこの文章を参考にして、自分の文章を考えましょう。	6－3　数人に板書させる。 6－4　児童の板書には全て大きなマルをつける。
40	7　本時のまとめ 3枚とじる	7　みんなよくがんばりました。次の時間の終わりまでに書き上げればいいのです。 7－2 「なか」は２、３行書けば、後ろが空いていてもいいのです。焦る必要はありません。 7－3　二次原稿が上、一次原稿が下、キーワード表がいちばん下にクリップでとじて、棚に置きます。	
45	8　次時の予告	8　次の時間は、全員が二次原稿を書き上げて提出します。	

6．本時の授業評価

⑴ 「キーワード表 (ワーク)」の「まとめの表」を全員が完成したか。

A　全員が「まとめの表」を完成した。

B　半数の児童が「まとめの表」を完成した。

C　ほとんどの児童が「まとめの表」を完成しなかった。

⑵ 「まとめの表」から一次原稿を全員が完成したか。

A　全員が一次原稿を完成した。

B　半数の児童が一次原稿をを完成した。

C　ほとんどの児童が一次原稿を完成しなかった。

4学年　国語科学習指導案

○○県○○○立○○小学校
○○○○年○○月○○日（○）
授業者　　○○　○○

1．単元名　小論文「おてつだい」を書く

2．指導目標
1　小論文の文章構成を知る。
2　各段落が固有の役割をもっていることを知る。
3　各段落の役割に適した文章を書く。

3．教　材
1　プリント教材「小論文の書き方」
2　プリント教材「どちらがじょうずかな」
3　「小論文書き方ワーク」（原稿用紙、クリップ）

4．指導計画（全4時間）

第1時　「教材1」を読み、小論文の書き方を知る。「おてつだい」の構想をもち、「……ワーク」の「キーワード表」を書く。

第2時　キーワード表から一次原稿（「なか1」・「なか2」・「まとめ」）を書き、評価を受ける。

第3時　二次原稿（清書）を書き、二次、一次、小論文ワークの3枚をとじて提出する。

第4時　小論文の音読（教師）を聞き、その評価を話し合う。各自の小論文が返却される。

5．第2時の展開

分	学習内容	指導（発問・指示）と評価	指導上の留意点
0 5	1　学習内容を知る	「小論文　おてつだい」（板書） 1　「おてつだい」を書く勉強をします。 1－2　声をそろえて（板書を）読みましょう。	
	2　ワーク、原稿用紙返却	2　「小論文書き方ワーク」、原稿用紙を返します。…さん、…さん。	
10 15	3　キーワード表 まとめ なか1、なか2 机間指導 板書添削	3　「小論文書き方ワーク」のキーワード表におてつだいの語句を三つ以上書いたかな。 3－2　「まとめの表」の「まとめ」には「楽しかった、大変だった」などの感想の語句を先に書きましょう。 3－3　次に「まとめ」に合う語句を選んで「なか1、なか2」に書きなさい。 3－4　「まとめの表」ができた人は手を挙げなさい。先生が行って大マルをあげます。 3－5　Aさん、あなたの書いた「なか1、なか2、まとめ」の語句を黒板に書いて来なさい。Bさん、Cさん……。	3　「書けました」の声を確認する。 3－4　児童を教卓の前に並ばせない。教室が騒がしくなるからである。
20	4　一次原稿を書く 語句→文 なか1、なか2 まとめ 二次原稿用紙	4　考え中の人もちょっとやめて、先生の話を聞きましょう。これからの勉強のお話です。机の中から一次原稿を出しなさい。 4－2　「まとめの表」の「なか1、なか2」の語句を原稿用紙の各段落の赤線の中に1行以内の文章にして書きます。 4－3　「まとめ」も1行以内の文章で書きます。 4－4　「なか1、なか2、まとめ」の文が各段落の赤線の中に3行とも書けたら、手を挙げなさい。 4－5　三つマルがついたら、新しい原稿用紙をあげます。二次原稿用紙といいます。	4　大マルが数人ついたころに指示を出す。 4－2　「1行以上書いてはいけません」と言ってもよい。 4－4　各段落の中は1行の文だけでよい。

十　授業評価

1　第1時の「小論文書き方ワーク」を書くときの様子はどうだったか。
A　楽しそうに話し合っていた。　B　普通に話し合っていた。
C　話し合わなかった。

2　第2時の一次原稿を書くときの様子はどうだったか。
A　楽しそうに話し合っていた。　B　普通に話し合っていた。
C　話し合わなかった。

3　第3時の小論文を提出するとき、その様子はどうだったか。
A　楽しそうに提出した。　B　普通に提出した。
C　しぶしぶ提出した。

4　第4時の「評価の授業」で、児童が興味深く友人の文章例を聞いていたか。
A　全員が興味深く聞いていた。　B　半数が聞いていた。
C　多くの児童が聞いていなかった。

十一　指導参考書

『手ぎわよい科学論文の仕上げ方　第2版』田中潔著　共立出版　一九九四年

『作文教材の新しい教え方』渋谷孝著　明治図書　二〇〇一年

『留学生と日本人学生のためのレポート・論文表現ハンドブック』二通信子他著　東京大学出版会　二〇〇九年

『小論文の書き方指導』市毛勝雄著　明治図書　二〇一〇年

『論理的な記述力を伸ばす授業づくり』松野孝雄著　明治図書　二〇一〇年

『系統的指導で論理的思考力&表現力を鍛える授業アイデア24』長谷川祥子著　明治図書　二〇一二年

『シリーズ国語科授業づくり　作文－目的に応じて書く－』日本国語教育学会監修・白石壽文他編著　東洋館出版　二〇一七年

第七章

国語科教材と授業〈4〉

―「話す・聞く」

一 「話す・聞く」学習の本質

「話す・聞く」という音声は、言語の原初的な形態である。社会が発達してくると、すぐ消えてしまう音声を補う記録の必要が生じて文字が生まれ、音声と文字とは働きを補い合って発達してきた。現代はラジオ・テレビ・コンピュータが発達して、個人で多くの情報を得られる時代になったが、社会的に大事な場面では多くの人の立ち会いのもと、音声が使われる。結婚式では新郎新婦の「宣誓」、裁判では裁判長が被告に告げる「判決」、国会議事堂では首相、閣僚、与野党議員らの議論など、全て音声で行われる。日本中の会社・職場などでも同様である。文字は記録、連絡の補助手段なのである。

このような社会的な「話す・聞く」学習は、家庭内で学ぶことができない。学校の数多い友人たちの多様な会話によって、児童は多くの語彙を習得し、内容を選ぶ学習をする。社会的な「話す・聞く」学習は、学校の基本的で重要な任務の一つである。

二 「話す」学習

小学一、二年の段階は文字学習が未熟であり、社会的言語使用の経験が乏しい。それを考慮して学習指導を考えると、「1 口頭作文 2 スピーチ 3 発表」というステップが想定できる。

1 口頭作文

小学一年は後半から、平仮名が読めるようになる。そこで論理的な「作文指導」が可能になる。大きな模造紙に次のような文章を書いて黒板の横に張り、これを見ながら児童がその日の課題の文章を口頭で話す学習である。

おてつだい	題名
おてつだいをしました。	はじめ
くつをみがきました。	なか1
おちゃわんをはこびました。	なか2
かあさんにほめられました。	まとめ

先生が「今日は『遠足』の作文を発表しましょう」と言い、クラスの列の一つを指定する。児童は模造紙に書かれた文章を見ながら、自分で考えた「遠足に行きました。たんぽぽが咲いていました。……」という文を口頭発表する。話す姿勢、話す速さ、適当な声量などに留意して評価する。

一週に一回十分ほどで、数人の口頭作文の時間を設定する。二か月で一課題が適当である。

2　スピーチ（三年以上）

三年以上の児童は文字表記の力がつくから、原稿やメモを書いてそれを読み上げることによってスピーチができるようになる。テレビでは、アメリカの大統領が演説の場面で、奥の方から歩いてきて演説卓の前に立ち、演説を始める。このとき、演説台には演説の原稿があらかじめ置いてあるのだ。それで、演説しながら大統領はときどきちらっと卓上の原稿に目をやるのである。演説の専門家の大統領でも原稿を見ながら演説するのだから、高校生、中学生、小学生が原稿を見ながらスピーチするのは当然である。文章を暗記させる必要はない。これは大学、大学院の研究発表も同様である。

形式は前項の「口頭作文」と同じである。課題は、児童の個性が出て、内容の詳しさを自分で調節できる各自の経験を語らせる課題がよい。「おてつだい」「遠足」「運動会」「係活動」などがある。長さを三分間とすれば、四〇〇字以内でスピーチ原稿を作ればよい。

こうした学習を繰り返していくと児童は自信がつき、クラス全員がスピーチできるようになる。

三 「聞く」学習

「聞く」学習は、各学年とも学期はじめの二週間に、教師が毅然とした指導を持続すると達成できる。

小学生は低学年ほど社会的態度が未熟だから、優しい態度だけでは指導できない。教師が顔を引き締めて短い文章の分かりやすい言葉で、次のような話をすると効果が上がる。

1 授業の始まりのベルが鳴ったら、すぐに自分の席に座りましょう。
2 先生が授業を始めるまでに、教科書、ノート、鉛筆を出しておきましょう。
3 背を伸ばし、足をそろえて座ったら、おしゃべりをやめます。
4 両手をひざの上に乗せて、動かしません。
5 先生のお話が始まったら先生の目を見て最後まで聞いて、指示された活動を始めましょう。

この話を学期はじめの一週間、毎時間の授業前に繰り返す。二週間目からは、ところどころを児童に一斉に言わせると、児童は声をそろえて言うようになる。

四　教材「あったらいいな、こんな給食」（話す・聞く）の学習指導例

1　教材名

「あったらいいな、こんな給食」

（深谷幸恵『論理的思考力を育てる授業の開発　小学校編』明治図書　二〇〇三年）

2　指導目標

(1) 大きな声で、はっきりと聞き手の方を見て話す。

(2) 話を一度で正確に聞く。

3　教材文

(1) 教材文1（司会のシナリオ）

(2) 教材文2（メニューを決めるための参考表）

(3) 教材文3（14日のメニューメモ）

(1)　教材文1　司会のシナリオ

司会1　①これから、お楽しみ給食のメニューを決めます。今日決めるのは（　　）日の給食です。（　　）と牛乳は決まっています。みんなで決めるのは、おかず二つとデザート一つです。

司会2　②はじめに、おかずを決めます。（　　）か（　　）です。食べたい方に手を挙げてください。（　　）がいい人（人数を数える）。では、（　　）がいい人（人数を数える）。

③みんなの意見を聞くと、（　　）を選んだ人が多いので、（　　）にします。

司会3　④次に、二つ目のおかずを決めます。（　　）か（　　）です。食べたい方に手を挙げてください。（　　）がいい人（人数を数える）。（　　）がいい人（人数を数える）。

司会4　⑤みんなの意見を聞くと、（　）を選んだ人が多いので、（　）にします。
⑥最後に、デザートを決めます。（　）か（　）です。食べたい方に手を挙げてください。（　）がいい人（人数を数える）。（　）がいい人（人数を数える）。
⑦みんなの意見を聞くと、（　）を選んだ人が多いので、（　）にします。
司会5　⑧これまで決まったことを整理すると、（　）日のお楽しみ給食のメニューは（　）、牛乳、（　）、（　）、（　）となります。
⑨これで、お楽しみ給食のメニュー決めを終わりにします。

(2)　**教材文2　メニューを決めるための参考表**

	10日	12日	14日
決まっている食品	パン　牛乳	ごはん　牛乳	めん　牛乳
おかず1	カレーシチュー　か ワンタンスープ	野菜スープ　か 卵スープ	かきあげ　か コロッケ
おかず2	鳥の空揚げ　か ハンバーグ	焼き魚　か　おでん	わかめサラダ　か カニサラダ
デザート	桃のゼリー　か りんご	みかん　か　バナナ	ヨーグルト　か フルーツポンチ

(3) 教材文3（14日のメニューメモ）

司会1　14日のメニュー
　決まっているもの　牛乳
　　　　　　　　　　うどん
　決めるもの　　　　おかず二つ
　　　　　　　　　　デザート

司会2　はじめに　おかず
　かきあげ　か　コロッケ

司会3　次に　二つ目のおかず
　わかめサラダ　か　カニサラダ

司会4　最後に　デザート
　ヨーグルト　か　フルーツポンチ

司会5　決まったこと
　14日のお楽しみ給食のメニュー
　牛乳、うどん
　（　　）（　　）（　　）

4　指導計画（一時間扱い）

(1) 司会の進め方の学習であることを知る。（三分）
(2) 教材文を一斉音読する。（五分）
(3) 五人でグループを作り、司会の練習をする。（七分）
(4) 各グループが順番にクラスの司会をする。（二十五分）
(5) 学習の感想を発表し、話し合う。（五分）

5 指導の実際（主な発問・指示）

(1) 準　備

① 一人の司会が話す言葉を、五人で分けて司会をします（司会1～司会5）。
② 五人でグループを作りなさい。（座席が近い人で）
③ 司会をするときの注意を三つ言います。
　1　みんなに聞こえる声で話す。
　2　最後の言葉まで、はっきり話す。
　3　顔をあげて、みんなの顔を見ながら話す。
④ 各グループで司会1から司会5までの人を決めましょう。
⑤ シナリオの自分の司会のカッコの中に、メニューを書きましょう。メニューは教材文2「メニュー決めるための参考表」を見て写しましょう。断っておきますが、この「メニュー決め」は仮想のことで、本当の給食とは違いますよ。いいですね。
⑥ シナリオをすらすら読めるように、グループで練習しましょう。時間は五分間です。

(2) 司会をする

⑦ 第一グループの人は出て来なさい。シナリオを見ながら十日のメニューの司会をします。
⑧ 司会以外の皆さんがすることを言います。皆さんは司会の言うことを聞いて、どちらか食べたい方に手を挙げてください。そして、五人の司会が終わったら、司会の話し方についてよい点などを発表してもらいます。

⑨　では、第一グループの司会を始めます（シナリオを見ながら司会をする）。（第二グループまで、同様に十日のメニューの司会を行う。ここで教室の聞き手の感想を聞く）

⑩　第三グループは、一歩進んで、シナリオを見ながら十二日のメニューの司会をしましょう（第一グループと同様に進め、教室の聞き手の感想を聞く）。

⑪　第四グループもシナリオを見ながら、第二グループと同様に行う。

⑫　第五グループは、もう一歩進んで、シナリオではなく、シナリオを簡単にしたメモ（教材3）を使って十四日のメニューの司会をしましょう（司会を進める）。

⑬　第五グループは、メモだけでりっぱな司会ができました。音読練習をきちんとして、前のグループの司会の仕方をよく見ていたからですね。では、第六グループ、がんばりましょう。

⑭　第六グループも、立派に司会ができました。では、今日の学習の感想を言いましょう。

6　評価

(1)　教室の後ろまで聞こえる声で、聞き手の方を見て話すことができたか。

(2)　話を一度で正確に聞くことができたか。

7　学習指導例のまとめ

本学習のねらいは、「給食のメニューを決める」という教材を使って、聞き手に分かる話し方、正しい聞き取り方を体験することにある。その学習活動を実現するために、三つの工夫をしている。

第一に、繰り返しの学習を多くして、基礎的な話し方・聞き方に習熟させようとした。

第二に、「シナリオを読む」から「シナリオを時々見て話す」、そして最後は「メモを見て話す」という三段階を設定して、話し方の技術向上を目指した。

第三に、学習の後に、すぐに感想を言う機会を多く設けて、判断や意見を言ったり、友人の考えを聞いたりする言語活動の練習の機会を多くした。

五　指導参考書

『教科教育基礎シリーズ　国語科重要用語３００の基礎知識』「対話・対談」の項　足立茂美著　明治図書　一九八一年
『音声言語指導大辞典』「対話・対談」の項　成田信子著　明治図書　一九九九年
『「話し方・聞き方」新教材と授業開発　上巻』市毛勝雄編　日本言語技術教育学会大宮支部著　明治図書　二〇〇〇年
『「話し方・聞き方」新教材と授業開発　下巻』市毛勝雄編　日本言語技術教育学会大宮支部著　明治図書　二〇〇〇年
『論理的思考力を育てる授業の開発　小学校編』深谷幸恵著　明治図書　二〇〇三年
『声の復権と国語教育の活性化』町田守弘著　明治図書　二〇〇五年

『新国語科の重点指導　第4巻　対話力の育て方』「国語の授業で教える『対話力』」の項　瀧沢葉子
著　明治図書　二〇〇九年

第八章 国語科教材と授業〈5〉

──言語文化

一　音読

1　読み聞かせ

昔話や神話の読み聞かせは、児童にとって大変楽しみな学習となる。話全体が語りの文体で構成されるので、話の進行に無駄な言葉がなく、児童は聞くだけで話の展開を再現することができる。繰り返しの構造や人物像の対比が明確で、教訓がはっきり示されるのも理解しやすい。繰り返し読み聞かせをしても、少々ざわざわした教室で読み始めたとしても、静かに聞こうとする。

狂言や落語のような芸能でも、児童は読み聞かせを喜ぶ。ここで大事なのは、教師が独特の抑揚をつけたり芸をまねて演じたりせずに、数多くの作品の読み聞かせをすることである。変わった声色でない方が、聞き手は日本語のリズムや音の響きに集中でき、自分で話の展開を想像することができる。

特に、五七調や七五調のリズムは、音声によって生き生きとし、心地よい響きとして耳に入る。琵琶法師によって語られた「平家物語」は七五調のリズムであり、覚えるにも聞くにも分かりやすい。教師が読み聞かせをすることによって、文字を知らない人々にも愛されて伝わってきた文化を教室で味わうことができ、我が国の言語文化を体感することになるのである。

2 範読

「竹取物語」「徒然草」などの文章の多くは一文が長い。教師の範読を聞き、どこで区切って読むかが分かると、文章の内容も分かるようになる。範読によって歴史的仮名遣いの読み方も分かる。また、古文には多くの文章で主語が省略されているが、敬語が多く用いられているので、敬語の使い方によって主語が推察できる。敬語も、現代の私たちには馴染みのない言い回しだが、教師の範読を聞いて、音声で言い方を確かめることができる。

短歌では、極端な節回しはなくてよいが、「しろたえの――」のように五七五七七の末尾を少々伸ばし、一首を二回続けて読む。短歌の読み方の文化も、教師が範読することによって教える。

3 一斉音読

範読後に音読練習をする。一斉音読は誤読を発見しやすく、言葉のリズムを感じやすいので、効果的である。古文が多少難しくても、「九百年前の日本語を読んでみよう」と言って音読させると、児童は現代との違いに気をつけながら読もうと努力する。

音読のポイントは、①最初はゆっくり、誤読に注意する　②声に出して、何度も繰り返す　③短歌の音読は二回繰り返す、の三点である。短歌では、無理に区切れを意識させたり、五七調・七五調を区別をさせたりせず、音読を繰り返す。音読により、自然と分かるようになり、字余りや字足らずによってリズムが変わることも理解できるようになる。

二　伝承文化

1　耳からの言葉

言葉は元来、文字ではなく「口伝え」で遊びや知恵の伝承として伝えられてきた。数え歌、言葉遊び、わらべ歌、遊び歌（お手玉歌、なわとび歌、てまり歌など）、子守り歌、語呂合わせ、早口言葉、なぞなぞ、しりとり、回文、ことわざ、おまじないなどの他、慣用句、昔話もこの中に含まれる。幼児は、言葉の意味を理解しないうちから、無意識に大人の言語活動のまねをして遊ぶ。この遊びが、実は重要な学習行動であり、幼児は無意識な言葉遊びによって多くのことを学んでいるのである。

2　リズミカルに歌う

「なべなべそこぬけ」「いもむしごろごろ」などのわらべ歌、「あがりめさがりめ」「だるまさん」などの顔遊び歌、てまり歌などを教室で歌う。音読し、言葉のリズムを体感するのもよい。わらべ歌の音の数を指で折って数えると、五音や七音が多く、リズミカルで唱えやすいことが分かる。

また、「ちゃちゃつぼ」「でんでらりゅうば」など、手遊びや二人一組で遊べるものも多い。

【例】「おてらの」　二人のうちどちらかが、相手の手を取る。
「つねこさんが」　手の甲を軽くつねる。
「かいだんのぼって」　人差し指と中指で歩くように腕を上る。
「こちょこちょ」　わきの下をくすぐる。

3　繰り返し唱える

早口言葉、語呂合わせ、いろはがるたなど、楽しく繰り返して覚えた経験が、児童の語感を育て、将来いろいろな場で生かされる。繰り返して唱えるうちに、児童は自然と暗唱できるようになる。なぞなぞや回文作りの学習が、友だちとの遊びに発展する。また、ことわざや慣用句を覚えて生活の中で使っている間に、言葉とその意味とが結びつく。慣用句は、二つ以上の言葉が結びついて異なる意味をもつようになった言葉なので、正しい使い方を理解することが容易ではないが、何度も聞いて使ううちに身につく。無理なく暗唱できるくらいに音読を繰り返すのがよい。

4　民話・昔話は読み聞かせる

低学年の教科書だけでなく、中・高学年の教科書にも「吉四六」「一休」の笑い話や、『アイヌ神謡集』や沖縄民話、神話などが取り上げられている。これらは子や孫へと語り伝えられてきたので、人々の生きる知恵や勇気、生き方の規範や判断の方法が、主人公の行動に力強く表現されている。昔話や神話は言葉に無駄がなく、聞くだけで内容がよく分かる。読み聞かせをした後、登場人物とあらすじを確認し、主人公が幸せになったり、罰が下ったりしたきっかけを確認するのがよい学習である。

三　古典文化

1　現代語訳を一斉音読する

俳句・短歌、落語、古典文学、狂言、漢文などをまとめて、古典文化とする。古典文化を指導する目的は、古典に親しみ、知識や関心をもたせることなので、中・高校の前倒しの指導は必要ない。

現代語訳を考えさせることはせず、本文と現代語訳を並行して読ませるのがよい。古文を教師、現代語訳を児童（または逆）と役割を決めて交互に読む学習も有効である。古文と現代語訳が結びつくように音読することが、言葉に親しむことにつながる。

2　教材の種類によってその特徴を確認する

(1)　俳句・短歌

俳句には季語があり、短歌は区切れ方によって、力強い感じの五七調や、優美な印象の七五調になる。音読した後、俳句の学習では、季語とその季節を確認する。また、俳句を味わったり表現したりできるように、春・夏・秋・冬それぞれの季語を探すのも、よい学習になる。

短歌は、イメージされる色やにおい、表現された感情などに気づかせる発問をし、確認することが、情景を味わうのに効果的である。比喩・倒置・体言止め・擬人法など、作品特有の表現技法を一つか二つ確認する。多くの表現技巧の全てを理解させようとしても、児童には難しいので、大意を示して表現の特徴を確認することが、短歌独特の表現技法や味わい方を知る手がかりとなる。

(2) 落語

「じゅげむ」「目黒のさんま」など、人物の会話が中心で話が進み、現代の言葉に近いので分かりやすく親しみやすい教材といえる。作品の特徴と「落ち」を確認し、描かれる人々の生活や考え方を自分たちと比較して考え、おもしろさを味わわせることができる。

(3) 古典文学

繰り返し音読することが、意味の区切れ目と言葉のリズムの理解につながる。現代語訳と比較し、当時の生活や表現の仕方の違いを確認することで、古文に興味をもち、多くの作品を読もうとする意欲も高まる。

古典文学の学習では、口語の物語と同様に、登場人物やあらすじを確認する。さらに、文章の内容の理解が確かになるような発問をして、確認するとよい。「おくのほそ道」の発問例を次に示す。

発問例 ア 「過客」とは何ですか。【解 旅人】

イ 芭蕉はどこで何を見たいのですか。【解 松島で月を見たい】

ウ 芭蕉が留守にしていたのはどの言葉から分かりますか。【解 蜘蛛(くも)の古巣をはらひて】

エ 旅に出たい気持ちが分かる表現三か所を、文中から探しましょう。

【解 片雲の風……思ひやまず、そぞろ神の……心くるはせ、道祖神の……手につかず】

(4) 狂言

猿楽の滑稽な要素から発展した古典芸能で、セリフのやり取りや演者のしぐさにより、見る人におかしさを感じさせる。登場人物の失敗や間違いが、楽しく描かれているので、音読して話の大筋をつかみ、自分たちとの共通性を見つけることが、狂言に親しみ、おもしろさを味わう学習となる。

「しびり」や「附子」では、話のあらすじと登場人物の確認をした後、話のおもしろさを理解するために、太郎冠者と主、それぞれのうそを確認することが、全体を理解する上で有効な学習である。

(5) 漢文

書き下し文を何度も音読することで自然と暗唱し、白文にも関心をもてるようになる。黒板に白文を書き、書き下し文を音読しながら比べさせるとよい。漢文を読む順序が、日本語の順序と違うことに気づき、返り点の知識がなくても、白文だけを見て読もうと、意欲をもつことが多い。書き下し文と現代語訳と比べて読むことで意味も分かり、昔の人々の考え方を知ることもできる。

3 他の作品を多く読む

どの教材でも、学習後に同様の作品を読ませる。教材によっては教師が読み聞かせたり、現代語訳で読ませたりするのもよい方法である。図書室にある本や、教師が持参した本を紹介し、読書指導をして、多くの作品を読めるようにする。他の作品にも興味をもてるようにすることが、生涯にわたって日本の古典文化を楽しむことにつながる。

四　授業評価

1　伝承文化

⑴　日常的な遊びに発展したかで評価する

学習後、しりとり遊びや回文作りを楽しむようになるかどうかで、児童の関心の高さが評価できる。

⑵　言葉の響きやリズムを感じ、唱えているかどうかで評価する

児童の日常に、数え歌や言葉遊びが出現するかどうかで評価する。朝の会や学習のはじめに一斉に唱える機会を設け、言えるかどうかでも判断できる。

2　古典文化

⑴　感想を発表させて評価する

学習の最後に自分の感想を発表させ、ノートにも書かせる。好きな作品を選んだり、感想を発表したりすることで、作品を評価し、鑑賞する力をつけることができる。学習を振り返り、作品の表現の特徴や、昔の人のものの見方や感じ方について読み味わったことを、自分の言葉で再構成することになる。児童が生涯にわたって我が国の言語文化に親しみ、楽しもうとする態度にもつながる。

感想を発表させるときには、短い感想でよいので、クラス全員の発表を聞くようにする。指名して言えない場合は後で言わせる。クラスの大半が感想を発表する頃には、初めに言えなかった児童も言えるようになることが多い。友だちの発表を聞き、自分の発表に生かすことができる力もつく。

⑵　好きな作品を選べるかどうかで評価する（人気投票）

短歌や俳句の学習では、一回の学習の中で数編の作品を読むので、感想の発表前に、学習した作品の中でどれが好きかを選ばせる。どの作品を選んでも優劣がないことや、手を挙げた人が多い作品が優れているわけではないことを説明してから選ばせる。好きな作品を選べるということは、作品の内容を自分なりに理解できたことになる。よさに気づいて作品を評価し、鑑賞する力につながる。

⑶　自分で他の作品を読むようになったかどうかで評価する

学習後に、児童が同様の作品を読むようになったかどうかを観察する。授業への関心や興味、学習内容の理解が十分であれば、他の作品も読んでみようと意欲的になる。今後も古典文化に触れ、生涯にわたって、我が国の言語文化を楽しむ態度を養う。

⑷　暗唱できたかどうかで評価する

本文を暗唱できたかどうかで評価する。学習への関心が高い場合は、学習後しばらくしてからでも皆で暗唱することを喜ぶ。

五　指導参考書

言語文化を指導する際の参考書、及び児童に読書を勧める際の読み物は現在たくさん出版されている。シリーズものが多く、幅広い作品に触れることができる。

『遠野物語・山の人生』柳田国男著　岩波文庫　一九七六年
『いろはかるた噺』森田誠吾著　ちくま学芸文庫　一九九八年
『じゅげむ　落語絵本』川端誠著　クレヨンハウス　一九九八年
『マンガ日本の古典1　古事記』石ノ森章太郎著　中公文庫　一九九九年
『岩波ことわざ辞典』時田昌瑞著　岩波書店　二〇〇〇年
『竹取物語（全）ビギナーズ・クラシックス日本の古典』角川ソフィア文庫　二〇〇一年
『新版・竹取物語　現代語訳付き』室伏信助著　角川ソフィア文庫　一九九一年
『にほんのわらべうた1～4』近藤信子著　福音館書店　二〇〇一年
『じゅげむ　家族の長屋の人たちのお話』土門トキオ著　学習プラス　二〇一〇年
『おぼえる！学べる！たのしいことわざ』北村孝一著　高橋書店　二〇一二年

第九章
学校教師の腕の磨き方

一　教師は時刻を厳守する職業である

教師生活の第一歩は、時刻を厳守することから始まる。

1　出勤時刻を厳守する。教師は始業時刻の必ず一時間前に出勤する。出勤したら、名札を出席表示とし、担当教室の窓開け、教具の確認、点検などの整備をする。職員朝礼などの行事がある。児童が登校するとき、通学路に立って交通安全確認指導をすることがある。

2　授業時刻を厳守する。授業開始時刻五分前には教室に入って、いつでも開始できる態勢を整えていく。授業は開始時刻に正確に開始する。授業終了時刻も厳守する。終了時刻を超えて授業を続けるのは、「熱意の表現」ではなく「計画性の欠如」とみなされる。できれば終了時刻よりも二、三分早く終了するのが最善である。

3　放課後の諸会議には、集合時刻を厳守する。会場に最初に着席して他の人々を待つようにする。特に新任者は、着席場所を先任者に聞いて着席する。

4　学校を退出するときは、勤務時刻が過ぎていること、下校指導や会議などがないことを確認する。そして、特別業務や臨時会議などがないことを先輩の先生や周囲の同僚、教頭（副校長）などに確認する。自分勝手な判断で学校を出てはいけない。全ての確認が済んで学校を離れるときは、必ず名札を不在表示にする。

二　教師五年目でやっと自分の授業の下手（へた）さが分かる

多くの教師は、成り立て二、三年の頃は、「自分は一人前の教師だ」と自信満々である。なにしろ、大学で教師の資格になる単位を全部取った、教員採用試験にも合格した、校長面接にも合格した、全ての試験に合格したから、「一人前の教師だ」というわけである。

ところが教師生活五年を過ぎて、他人の授業の上手い下手が分かるようになると、自分の授業はどうか、児童に対する話し方はどうか、児童は本当に自分を信用しているのか、自信がぐらつき始める。実は初めから、児童の人気もそれほどではなく、授業も下手だったが、精一杯、夢中でやってきたので、いいも悪いも考える余裕がなかっただけなのである。それが授業に慣れて、余裕が生まれて、自分を客観的に評価することができるようになったわけである。

自分の授業が下手なようだと気づいたこと自体は、自分の成長の証拠である。その悔しさをバネにして、どうしたらよい授業ができるようになるか、工夫を始めよう。

三　よい授業をするためにどうするか

よい授業をするためにどうするか、を考えてみよう。

1　上手だといわれる先生の授業を見学する。それも児童の後ろから授業を見学するのではなく、窓際で、最も黒板に近い、クラスの全児童の顔が見える場所から児童の反応を見学する。よい授業をする先生は、一人一人の児童の細かい様子を気にせずにすらすらと音読をさせ、学習課題を出して、黒板に必要事項を箇条書きにする。初心の先生にとっては、全て谷川に水が流れるようにすらすらと授業が進んで、気がついたら一時間が終わっていた、ということになる。つまり、一回目はどこがポイントなのか分からないのが普通である。そこであきらめてはいけない。

2　よい授業をする先生にお願いして、授業を数回見せてもらう。よい授業をする先生は、授業全体の構造を頭の中で組み立てながら授業を進めている。その「構造」を見つけよう。

3　よいといわれる学習指導案を繰り返し音読して暗唱できるようにして、その指導案通りの授業をやってみる。そうすると、読んだだけでは分からなかった授業効果に気がつく。

4　教育雑誌に載っている授業研究会に参加してみる。長期研修という制度もあるが、授業が上手くなりたいと思ったら、交通費、参加費などに自腹を切って勉強する。そうすれば新しい世界が見えてくるだろう。

四　二人で研究授業を見せ合う

自分の授業を何とかしたいと思ったら、早速実行に移そう。外部の研究会に入会しなくとも研究授業はできる。それは、学校内でこっそりとやる研究授業である。しかし、一人では研究授業にならない。何でも語り合える同志を最低でも一人、見つける必要がある。担任でなく、音楽や図工などの教師でも大丈夫である。

準備としては、一か月後に授業をする予定の教材文の指導案を書く。五時間かかるのなら、五時間分の指導案を書く。そして、それを同志に見せて、話し合いをする。同志の意見を聞き、自分の意見を言い、最後は自分の責任で仕上げて、五時間のうちの一時間を見学してもらう（授業見学は教頭に許可を得ておこう）。

授業が終わった日の夜、喫茶店などで検討会をする。児童に対する話し方、音読の指導技術、ノートのさせ方など、あらゆる話題を話し合う。相手の同志の授業も同様に参観して、検討会をする。担任とは全く違った観点の批評や感想でよい。それを必ず記録する。相手の授業に対しても同様に、自分のノートに記録する。これを一学期に一回、実行する。

こんな小さな試みをするだけで、自分の授業が数段レベルアップする。自分の心の中だけに存在した「自分の授業」が、他人を意識し、準備し、実践したという外在的な「経験」となって記録されたからである。この経験を二年間続けただけで、あなたの授業の腕前は見違えるように上達するはずである。

五　授業研究会の見えないルール

1　授業研究会には、研究会場に真っ先に着席して全員の来場を待つようにする。会場に来る順序は研究の熱意の程度を表している。研究会に最後に遅刻した人が、実は一番研究熱心な人だったという例はない。

2　研究発表のもち時間の厳守が大切である。研究発表者は発表資料を用意し、その資料を説明するセリフを必ず原稿に書き、ゆっくり読み上げる。発表時間の約十パーセントだけ早く終わるようにするのが、発表時間の上手な使い方である。

3　研究会で発表者に対する質疑応答にはルールがある。発表の聞き手として質問するときは簡潔な言葉で、初めに新知見を感謝してから、疑問点を明確で短い言葉で質問する。的確な回答で理解できたら、「分かりました」とすぐに言う。また、発表時間が限られているので、質問は一人一回である。いくつも質問してはいけない。二つ以上聞きたいことがあれば、休憩時間などに質問に行こう。発表者は喜んで質問に答えてくれるはずである。

4　発表者としては、質問の意味をよく理解してから、短く答える。数多くの質問を受けた方が有益だからである。質問者が、よい知見をもっているようだと見当をつけたら、休憩時間に探し出してよい質問をしてくれたことに感謝の言葉を述べてから、質問の深い内容について教えを請おう。

5　研究会の時間の運び方は、その会の研究水準をはっきりと示す。発表者がもち時間を大幅に超過しながらしゃべり続け、司会者が発表者の時間超過を制止せず、質問者が意味不明の長々しい演説をする研究会からは、すぐに逃げ出した方がよいだろう。

6　もしも、学校内の研究会が時間を厳守しないのであれば、すぐに立ち上がって時間厳守を要求しよう。自分の所属する会がよくなる提案であれば、必ず賛同者がいるはずである。そういう人は、こちらの様子を一年間観察してから、言葉をかけてくれるはずである。それまで、じっと待とう。

六　主な国語教育学会・研究会一覧

以下に、国語教育に関わる主たる学会及び研究会をまとめた。

全国大学国語教育学会
http://www.gakkai.ac/JTSJ/

日本国語教育学会
http://nikkokug.org/

「鍛える国語教室」研究会
http://www17.plala.or.jp/naoir2006/

国語教育実践理論研究会（ＫＺＲ）
http://kzr.jp/

国語教育探究の会

http://sites.google.com/site/tokyotankyu/　（東京国語教育探究の会のＵＲＬ）

小学校全国国語教育連絡会

http://userweb.117.ne.jp/okazakitadamasa/

全国小学校国語教育研究会

http://tosyoukoku.org/　（東京都小学校国語教育研究会のＵＲＬ）

国語授業づくりセミナー

全国国語授業研究会・筑波大学附属小学校国語部が主催する

日本言語技術教育学会

http://nggkg.net/

日本文学協会国語教育部会

http://nihonbungaku.server-shared.com/　（日本文学協会のＵＲＬ）

文芸教育研究協議会（文芸研）

http://www5.synapse.ne.jp/heart/

※注　二〇一八年五月現在のＵＲＬ（ホームページアドレス）である。

資料1　国語科教育主要語集

1　一斉音読

一斉音読とは、学習者全員で声をそろえて読ませる指導方法である。戦前、教育勅語などを一斉音読したことに対する後遺症のため、戦後の教育現場では、一斉音読は忌み嫌われた。今では、音読が脳の前頭葉を活発にするなどの研究成果が発表され、その教育効果が見直されている。一斉音読は、指名読みと違って、読みの苦手な児童が音読に参加しやすい。現在、読点で休まず、すらすらと一分間に三五〇字程度の速さで音読する「すらすら一斉音読」が、小学生から大学生まで実践されている。

2　個別指導

一人一人の学力を育成して達成感を味わわせ、個に応じた指導ができるように、ティームティーチング、グループ学習、個別学習などの指導方法のこと。個別指導には、一斉指導の不足を補う補充的な指導、発展的な指導、課題や興味に応じた指導の側面がある。読みが苦手な児童への配慮として、音読する場所以外は見えないようにする補助具による指導、鉛筆の正しい持ち方や、文字の正しい書き方の指導なども、有効な個別指導の例である。

3　机間指導

授業者が教室内を回って学習者一人一人の状態を把握しながら個別指導を行うことを机間指導という。授業者は、学習者が発問や指示を理解して課題に取り組んでいるか見て回り、必要に応じて助言を行うなどの支援を行う。支援を行うだけでなく、学習者の解答を見て回り、答えを板書させたり、把握した解答を基に、その後の指名計画を立てることができる。机間指導を行う際には、全体を見渡すことを忘れてはいけない。机間指導を授業の中に上手に取り入れることは、授業技術向上のポイントの一つである。

4　グループ指導

グループ指導は、児童が互いに話し合い、共同して行う学習で、発言の機会が増えたり充実感を得たりできる指導方法である。学習指導要領の改訂で「主体的・対話的で深い学び」が重視されるようになった。指導者はグループ編成の基準や全員に参加させる方法、話し合いのルール、グループに対する助言の仕方などを確認し、各グループで得られた成果を記録係の児童にメモさせ、提出させたりして、指導計画全体の中で適切に位置づけていく必要がある。

5　板書指導

学習目標を達成するために、課題や授業の進行状況を簡潔に板書し、ときどき学習の全体像を明確に整理するのが、よい指導である。新出漢字や重要語句も板書事項に含まれる。事前に板書計画を立てておく必要がある。①短く、②児童のノート一行文のマス目の数に合うように、③丁寧に正しく（児童は教師の板書からも筆順を学ぶ）、④児童も板書できる活動（板書添削や課題習熟の確認に効果的）を増やす、などが板書指導の技術である。白チョークは鉛筆、黄色チョークは赤鉛筆、線は定規で引くなどの約束を決めてノート指導に役立てる。

6　音読・黙読・朗読

音読は、漢字を読む難しさを克服するために絶大な効果を上げる学習法である。どの教科の学習にも有効で、学力の育成に役立つ。特に、一斉音読によって、誤読が発見しやすくなり、文章を読むリズムも整う。いろいろな文章を声に出して、すらすら読めるようになると、文章の内容を理解する力が向上する。低学年では一分間に三〇〇字、高学年では一分間に三五〇字程度の速さが適切である。

目・口・耳を使って読む音読に対し、黙読は、目のみで読む。音読が速くできると、黙読も速くなる。

7　指名読み

音読の一種類に指名読みがある。指名読みは代表が音読し、他の児童は聞いているだけとなる。したがって、黙読と同じ状態になり、授業以外のことを考える余地を与えてしまう場合がある。児童の中には間違いを恐れて人前で読まなくなる子も出てくる。自信のある児童だけに読む機会があり、ますます学力差が広がることになるので注意が必要である。多くの指導者が行っている指名読みは、授業の体裁を整えるために取り入れている場合が多く、近年は教育効果が疑われている。

8　国語科教科書

国語科教科書は近代教育を目指した明治初期に初めて作られ、教科書国定制度（明治三十六年〜昭和二十三年）を経て、現在では一九四八年の「教科書の発行に関する臨時措置法」によっていくつかの民間の出版会社が刊行して、「主たる教材」として位置づけられている。時代の要請を受けて約十年に一度、学習指導要領の改訂がある。その改訂に沿って各社の教科書が作られる。それらの教科書は全て「検定」に合格して初めて、「教科書」として採用される候補図書となる。二〇一八年現在、小・中学校とも五社（東京書籍・学校図書・三省堂・教育出版・光村図書）から発行されており、公立の小・中学校では区市町村などを単位として選択される。教科書は教材の一部とされているので、教師は教材の選択をしたり、補充教材を使ったりして学習内容を充実させる必要がある。

9　リテラシー

リテラシー（英　literacy）とは、原義では「読解記述力」を指し、日本において古くは「識字能力」と同義で扱われていた。しかし、現代では単純に文字を読み書きできる能力というだけでなく、情報が提示される経緯や発信者の隠れた意図までを見抜く能力を意味するようになっている。「情報リテラシー」として使われることが多く、「リテラシーを身につける」とは、様々な通信媒体の情報を取得して正しく判断することや、これらの媒体を活用して表現できることまで含むことが多い。

10 語彙

語彙とはその言語の全体を指す。日本語の語彙は和語、漢語、外来語の三つから成り立つ。

和語は日本語本来の語彙であり、もともと日本語に存在した語彙を指し、訓で読まれ平仮名で表記していた。

漢語は中国に起源をもつ語彙で、国語辞典の中では多数を占める。漢語は近代になって、西洋の文物に呼び名をつけるために飛躍的に増加した。その方法としては二つあり、一つは漢字を使って新しい漢字熟語を作成したもの（例、鉄道、自動車）、もう一つは従来ある漢語に新しい意味を付加したもの（例、革命、選挙）である。

外来語は中国以外の言語から入った語彙で、片仮名表記をするものが多い。

11 言語環境

家庭の文化的な環境、地域や学校などの社会的環境の全てが、児童の言語環境となる。

幼児期の言語の発達は家庭環境に大きく影響される。周囲の人との関わりや会話、家庭にある新聞・雑誌・単行本・全集などが重要な言語環境となる。

学校教育では、教師の言葉が児童にとって第一の社会的言語環境となる。第二の社会的言語環境としては、児童同士の話し合い、挨拶・授業・校内放送などである。板書・掲示物・学校図書館にある書物なども児童の重要な言語環境を形成する。

12 言語経験

挨拶する、家族と話す、新聞や雑誌を読む、友だちの話を聞く、電話をかける、日記を書く、メールを打つ、企画書を作成するなど、人は言葉を使って社会生活を送っている。これらは全て言語経験として、児童の人間形成に深く関わることになる。

現在は電子機器などに接する機会が増えており、直接体験する言語が不足しがちである。学校生活ではこの社会の実態を認識して、言葉を使う直接経験を豊富にし、継続的に行う必要がある。

13　言語生活

言語生活とは、「話す」「書く」「聞く」「読む」という言語行動によって営まれている生活のことである。戦前、軍国主義により弾圧されていた言語生活を取り戻すべく戦後新しく登場した言語研究分野で、時枝誠記、西尾実の見解がその代表である。昭和三十年代に告示された学習指導要領国語では、小・中・高校の目標の第一に「言語生活の向上を図る」と明示された。その後、「言語生活」という文言は目標に明示されなくなった。現在、国立国語教育研究所は、国語の改善及び国民の言語生活の向上を図るために、国語の現状などについて様々な見地から調査研究を進めている。

14　言語技術

言語生活を適切かつ効果的に営むため、読み方・書き方・話し方・聞き方における実用的な技術を集積し、系統的な指導技術の確立を目指した教育指導理論である。言語は高度な文化の蓄積であり、児童生徒は自然に言語能力を身につけられない。これからの国語教育は、指導する教師が自覚的・技術的に社会的言語の指導を行う必要がある。特に文学的文章と論理的文章を区別して教える技術や、社会に出てただちに求められる論理的文章の書き方の技術、抽象的概念である漢字教育の技術の推進が重要である。

15　描写

描写の文章とは、自然の風景や劇的な場面、登場人物の外見や動作などを詳しく絵のように描く文章のことである。描写の文章の創始者はゲーテで、詩の美的な表現と事実の記録と両方の性質を備えた散文で「若きウェルテルの悩み」（一七七四）を書いた。それが、世界で初めての小説となった。描写には自然描写、情景描写、人物描写、心理描写などがある。椋鳩十の「大造じいさんとガン」には、優れた心理描写や情景描写の文章が出てくる。物語から小説へと読書が移行する時期の指導に大変よい教材である。

16　説明

説明とは、ある一つの事実や現象について、その構造、役割、性質、性能、さらには意義や価値などを分かりやすく解き明かすことで、近年はプレゼンテーションともいう。一つの事柄に関する様々な情報を取捨選択したり組み立てたりして、受け手に分かりやすく構成して提示する。説明の手段には映像や写真、図なども用いられる。かつては「説明文」という語が論理的文章全体を示す語として使われたが、今日では論理的文章の中の一つの種類と考えられている。

17　論説

一定の性質が認められる具体的事例をいくつか提示して考察し、その考察に基づいて自分の主張を述べた文章である。個性的な主張を、説得力のある具体的事例とその考察を通して、多くの人を納得させる点に論説の価値がある。科学雑誌の論文は「報告」であるが、経済学・教育学・社会学などの論文、新聞社説・月刊雑誌（文藝春秋・中央公論など）の人文科学論文などは論説と呼ばれる。

18　報告（レポート・リポート）

「報告」は論理的文章の代表的なものである。報告の文章は新しい現象の発見、既知の現象群の新しい観点などを述べた自然科学の論文、口頭発表をいう。整った形式として、「はじめ・なか1・なか2・……・まとめ」をもっている。「なか」は文章、写真、統計などが占める。現象・事実新発見の報告は、多数の追試による確認を受けてから事実として認定される。

報告の代表的なものの一つに「環境報告書」がある。企業などの事業者が環境保全に関する方針・目標・計画、環境マネジメントに関する状況、環境負荷の低減に向けた取組の状況などをまとめ、定期的に公表する「報告」である。

19　記録

自然現象、社会現象など、事柄を事実、事象の起こった通りに記述した語句、文、文章は、いずれも記録という。学校教育で用いる主な記録としては、日誌・観察記録・実験記録などがある。「報告」を書くための情報を収集及びその消失を防ぐための備忘録として書くことが多い。古代エジプト時代から、文字による記録の誕生により人間の思考は深まり、緻密な論理的思考が可能になった。優れた記録の条件として、次の四つが考えられる。①感想よりも事実の記録を主とすること。②事実の要点が的確にとらえられていること。③数値（年月日時、数量など）や名称（人名、地名、品名など）が明示してあること。④事実・状態などを表現するのに的確な言葉が選ばれていること。

20　解説

専門的な知識を背景として、多くの人のために内容を分かりやすく述べるものを「解説」という。解説は、その事柄についての全体的な説明などの中の特に難解な一部分を、受け手の状況に合わせて分かりやすく表現し直すことを主な目的とする。また、事実・現象の意味を自分ではとらえられない者に向けて、一般的な見方や考え方を提示する役割もある。テレビ中継の野球解説などがその例で、「解説」は説明の一部と考えることができる。

21　論理的文章

論理的思考の筋道によって書かれている文章のことで、主に「演繹論理」と「帰納論理」の二つがある。演繹論理は古代ギリシャで体系化され、中世ヨーロッパでキリスト教のもと展開された。一つの命題から新しい命題を導く思考法で、三段論法が有名である。教科としては算数・数学で学ぶ思考法で、現在は記号論理学としてコンピュータに利用されている。帰納論理は十七世紀前半、フランシス・ベーコン（英　一五六一〜一六二六）が発見した。観察や実験によって複数の具体的事例から共通の性質を発見する思考法で、現在は自然科学全般に利用されている。教科としては理科・社会科・家庭科などで学ぶ。

22 文学的文章

文学的文章の文体は語り・描写・会話の三種類から成り立つ。語りとは、伝承物語で物語の内容・状況などを語る文章で、創作童話では事件の概要・事情のあらましなどを説明する文章のことである。谷崎潤一郎の小説、チェーホフの「三人姉妹」にも見られる。

描写とは、自然の風景や劇的な場面、登場人物の外見や動作などを詳しく絵のように描いた文章のことである。描写には自然描写、情景描写、人物描写などがある。ツルゲーネフの「猟人日記」の自然描写を手本にした作品に、国木田独歩の「武蔵野」がある。

会話には人物の性別、年齢、性格などを示す機能がある。小説は作者が会話で登場人物の性格を描いている。

23 語り

古代物語（神話・昔話・民族伝承・説話・伝説）やグリム童話など、「口承」や「伝承」の文体で書かれている文章を語りという。叙事詩「オデュッセイア」（八〇〇年頃）、「イソップ寓話」（紀元前六〇〇年頃）、「論語」（紀元前四五〇年頃）などが最も古い。いずれも「事実の記録」「知恵の保存」としての性質をもっている。つまり、語りは、文学ではなく論理的文章といえる。グリム童話は、たくさんの民衆の知恵が「伝承」で伝えられたものを記録した文章であり、子どもに読み聞かせる価値がある。

24 文章構成

論理的文章の構成では、普通三段構成「序論・本論・結論」が基本となっている。

科学的論文では、「序論・本論・考察・結論」が基本となる。現在、小・中学生にも分かりやすい呼び方である「はじめ・なか・まとめ・むすび」という文章構成で論理的文章を書く指導が行われている。発展型として、頭括型「むすび・まとめ・なか・むすび」、大論文型「はじめ・なか1・なか2・小まとめ・なか3・なか4・小まとめ・まとめ・むすび」などがある。

25 段落

段落は、論理的文章の最小構成単位である。文章の内容を要点ごとに区切って書いてある文章のまとまりを段落という。よい文章では、一つの段落が一つの事柄を中心としてまとまっている（一段落一事項）。

論理的文章を読むときには、中心となる事柄を見つけ、その後、その事柄を説明する他の言葉との関係で内容を読み取る。また、書くときには一つの段落に一つの事柄で書くようにする。一段落を四、五文（一〇〇〜二〇〇字）で書くようにすると分かりやすい段落となる。

26 キーワード（主要語句）

論理的文章では、一つ一つの単語は論理的な文脈の中で使用され、一つの段落の中には必ず核心となる一つの単語がある。この単語をキーワード（主要語句）という。キーワードは、文章を書いたり、読んで理解したりするときに、特に重要な役割を果たす語や語句である。論理的文章では、主題・要旨の把握に際し、段落ごとのキーワードを見つけることで、文章全体の構造を把握することができる。論理的文章においては、対象・事象に対応して、その実質を表す名詞・動詞・形容詞などの語がキーワードとなることが多い。

27 話し合い学習

近くの人と自由に話し合うフリートーキング、少人数グループでの話し合い、全体での討論、二者に分かれて討論するディベート、バズセッション、代表者が話し合うパネルディスカッション（六・六討議）、話し合い学習の形態は様々である。全員参加型の学習を行うために発表原稿づくりの見本となる文章を示したり、話し合いのシナリオを教材化して分かりやすく示したりすることが必要である。討論を行う前に、話す言葉を原稿に書く活動や、原稿を読んで練習する活動を指導過程に取り入れ、評価をきちんと行うことが大切である。

28 総合的な学習の時間

児童生徒、学校、地域の実態に応じて教科の枠を超えた横断的、総合的な課題学習を行う時間のことである。内容として国際理解、情報、環境、福祉・健康などが学習指導要領で例示されている。調べた文章の大事なことをメモする力や、挨拶の仕方、インタビューの仕方、話を聞き取る力、電話のかけ方、お礼状の書き方など、総合的な学習の時間に必要とされる言語技術を国語科で学習し、言語能力の向上を図ることが求められている。一方で総合的な学習そのものとなってしまうような単元が国語科教科書にあり、指導を難しくしている。

29 単元学習

単元とはユニット（まとまり）を意味する言葉で、単元学習とは、学ぶ側の興味・関心や必要性に応じて教材を構成し、「教科書からの離陸」という理念のもと、経験を教材として学習を進める教育方法である。アメリカで発達し、昭和二十二年学習指導要領（試案）に説明が記述された。昭和二十五年頃から「はいまわる経験主義」と、学力低下批判を受けた。大村はまが実践を積み重ね、国語単元学習は現在も日本国語教育学会などにおいて、研究されている。全ての子どもに、効果的に学力を身につけさせることができるかについて現在も賛否両論がある。

資料2 読書指導のための世界文学年表

＊無印＝日本　ギ＝ギリシャ　中＝中国　ア＝アメリカ　イ＝イタリア
フ＝フランス　ロ＝ロシア　英＝イギリス　ド＝ドイツ　ス＝スペイン　を示す。

西暦	作品・作家	参考
八世紀頃	「イリアス」「オデュッセイア」(詩) ホメロス (ギ)	
六世紀頃	「イソップ寓話集」イソップ (ギ)	
四五〇頃	「論語」孔子 (中)	
四一一	「女の平和」アリストファネス (ギ)	
四〇〇頃	「老子」老子 (中)	
三八五	「饗宴」プラトン (ギ)	
三三〇	「詩学」アリストテレス (ギ)	
八六?	「史記」司馬遷 (中)	〇四　キリスト生誕
〇		
一〇〇	「旧・新約聖書」成立?	
六一〇～六三二	「コーラン」ムハンマド啓示	七一〇　奈良遷都
七一二	「古事記」太安万侶	七五〇頃　杜甫・李白・王維
七九〇	「万葉集」(詩) このころ成立	
八〇〇頃	「アラビアンナイト」(アラブ)(作者未詳)	
九〇〇頃	「竹取物語」(作者未詳)	七九四　平安遷都
一〇〇〇		

西暦	作品・作家	参考
〇八	「源氏物語」紫式部	一六　藤原道長、摂政
一一五頃	「大鏡」(作者未詳)	
一二〇頃	「今昔物語集」(作者未詳)	
一二一二	「方丈記」鴨長明	一七〇　西欧で騎士道物語盛ん
一二二一	「平家物語」(作者未詳)	
三〇七～二一	「神曲」ダンテ (イ)	
三三一頃	「徒然草」吉田兼好	三〇〇　西欧ルネサンス始まる
三五三	「デカメロン」ボッカチオ (イ)	
四〇〇頃	「風姿花伝」世阿弥	
一五〇〇		
一六	「ユートピア」モア (英)	
二二?	「三国志演義」羅貫中 (中)	
三二～六四	「ガルガンチュアとパンタグリュエル」ラブレー (フ)	四三　コペルニクス・地動説
八〇～九五	「随想録」モンテーニュ (フ)	
九二	「西遊記」呉承恩 (中)	

一六〇〇		
〇二	「ハムレット」シェイクスピア（英）	
〇五	「才知あふれる郷氏（ごうし）ドン・キホーテ」セルバンテス（スペイン）	〇〇　イギリス東インド会社設立
六四	「タルチュフ」モリエール（フ）	四〇〜六〇　清教徒革命
七〇	「パンセ」パスカル（フ）	
七八	「クレーヴの奥方」ラ・ファイエット夫人（フ）	
八八	「日本永代蔵（えいたいぐら）」井原西鶴	八八　イギリス名誉革命
八九	「おくのほそ道」松尾芭蕉	
九四	「フランス語辞典」初版・アカデミー・フランセーズ編	
一七〇〇		
一一	「冥途の飛脚」近松門左衛門	
一六	「康熙（こうき）字典」（中）	
一九	「ロビンソン・クルーソー」デフォー（英）	
二六	「ガリバー旅行記」スウィフト（英）	
三一	「マノン・レスコー」プレヴォー（フ）	
五一〜七二	「百科全書」ディドロ他（フ）	七〇年代〜　産業革命
五五	「英語辞書」ジョンソン（英）	
七四	「若きウェルテルの悩み」ゲーテ（ド）	七六　アメリカ独立宣言
八二	「危険な関係」ラクロ（フ）	八九　フランス大革命
九七	「悪徳の栄え」サド（フ）	
一八〇〇		
一二	「子どもと家庭の童話」グリム兄弟（ド）	〇四　ナポレオン皇帝となる
一三	「自負と偏見」オースティン（英）	一四　ナポレオン退位
一五	「蘭学事始（ことはじめ）」杉田玄白（げんぱく）	二一　ギリシャ独立戦争
二三	「エリア随筆」ラム（英）	
三〇	「赤と黒」スタンダール（フ）	
三四	「スペードの女王」プーシキン（ロ）	三〇　フランス、アルジェリア出兵
三五	「谷間の白百合」バルザック（フ）	
三六	「検察官」ゴーゴリ（ロ）	
四三	「クリスマス・キャロル」ディケンズ（英）	
	「黒猫」E・A・ポー（ア）	
四五	「カルメン」メリメ（フ）	四〇　アヘン戦争
四七	「嵐が丘」E・ブロンテ（英）	
	「虚栄の市（いち）」サッカレー（英）	
五一	「白鯨（はくげい）」メルビル（ア）	
五二	「猟人（りょうじん）日記」ツルゲーネフ（ロ）	
五四	「ドイツ語辞典」グリム兄弟（ド）	
五五	「草の葉」（詩）ホイットマン（ア）	五三　ペリー浦賀来航
五七	「悪の華」（詩）ボードレール（フ）	
	「ボヴァリー夫人」フロベール（フ）	

六六	「罪と罰」ドストエフスキー（ロ）		
六七	「資本論」マルクス（ド）		
六八	「自伝」フランクリン（ア）	六八	明治維新
	「戦争と平和」トルストイ（ロ）		
七三	「地獄の季節」（詩）ランボー（フ）		
七六	「トム・ソーヤーの冒険」 M・トウェイン（ア）		
七七	「居酒屋」ゾラ（フ）		
七九	「人形の家」イプセン（ノルウエイ）		
八〇	「脂肪の塊」モーパッサン（フ）		
八二	「新体詩抄」（訳詩）井上哲次郎他		
八三	「ピノキオの冒険」コローディ（イ）		
八四	「オックスフォード英語大辞典」 刊行開始（英）		
八七	「浮雲」二葉亭四迷	八九	明治憲法発布 東海道線全通
九〇	「舞姫」森鷗外		
九二	「六号室」チェーホフ（ロ）		
九四	「にんじん」ルナール（フ）	九四	日清戦争
九五	「たけくらべ」樋口一葉	九七	足尾鉱毒事件
九八	「宇宙戦争」ウェルズ（英）		
一九〇〇			
〇〇	「夢判断」フロイト（オーストリア）	〇二	日英同盟
〇一	「武蔵野」国木田独歩		
〇二	「どん底」ゴーリキー（ロ）		

〇四〜一二	「ジャン・クリストフ」ロラン（フ）	〇四	日露戦争
一二	「藤村詩集」（詩集）島崎藤村		
〇四	「坊っちゃん」夏目漱石		
〇九	「狭き門」ジイド（フ）		
一三〜二七	「失われた時を求めて」プルースト（フ）	一四	第一次世界大戦
一五	「人間の絆」S・モーム（英）	一五	一般性相対性原理アインシュタイン
	「羅生門」芥川龍之介		
	「変身」カフカ（ド）		
一七	「月に吠える」（詩）萩原朔太郎	一七	ロシア革命
一八	「狂人日記」魯迅（中）	一九	ベルサイユ条約
二〇	「R．U．R．（エルウーエル）」（通称「ロボット」） チャペック（チェコ）	二〇	国際連盟設立
二一	「暗夜行路」志賀直哉		
二二	「荒れ地」（詩）エリオット（英）	二二	ソビエト社会主義共和国
	「ユリシーズ」ジョイス（アイルランド）		
二二〜四〇	「チボー家の人びと」 M・D・ガール（フ）	二三	関東大震災
二五	「月下の一群」（訳詩集）堀口大學	二五	ラジオ放送開始 治安維持法公布
二六	「伊豆の踊子」川端康成		
二七	「壊滅」ファジェーエフ（ソ連）		
二八	「放浪記」林芙美子	二八	第一回普通選挙 三・一五事件
	「静かなドン」ショーロホフ（ソ連）		

二九	「蟹工船」小林多喜二	二九	世界大恐慌
	「武器よさらば」ヘミングウェイ（ア）		
	「西部戦線異状なし」レマルク（ド）		
三〇	「測量船」（詩）三好達治	三一	満州事変
	「U・S・A」D・パソス（ア）	三二	五・一五事件
三三	「人間の条件」マルロー（フ）	三三	ヒトラー内閣
三六	「風とともに去りぬ」M・ミッチェル（ア）	三四	丹那トンネル
三七	「路傍の石」山本有三	三六	二・二六事件
三八	「嘔吐」サルトル（フ）	三七	日中戦争
三九	「怒りの葡萄」スタインベック（ア）	三九	第二次世界大戦
	「石狩川」本庄陸男		ノモンハン事件
	「駐在日誌　多甚古村」井伏鱒二		
四〇	「歌のわかれ」中野重治	四〇	仏印進駐
四一	「智恵子抄」（詩）高村光太郎	四一	太平洋戦争
四二	「異邦人」カミュ（フ）	四二	関門トンネル
四三	「星の王子さま」デクジュペリ（フ）	四三	登呂遺跡発見
四四	「津軽」太宰治		
四四～四八	「細雪」谷崎潤一郎	四五	日本無条件降伏
四七	「ペスト」カミュ		

世界文学（文庫本）作品集

角川ソフィア文庫（ビギナーズ・クラシックス日本の古典）
古事記　万葉集　古今和歌集　土佐日記
伊勢物語　枕草子　紫式部日記　竹取物語
御堂関白記（藤原道長の日記）　新古今和歌集　平家物語
徒然草　おくのほそ道

岩波文庫
論語　デカメロン（全六冊）　エセー（随想録）（全六冊）
罪と罰（全三冊）　浮雲　にごりえ　たけくらべ
坊っちゃん　萩原朔太郎詩集

新潮文庫
ペスト　星の王子さま　ロミオとジュリエット
赤と黒　シャーロックホームズの冒険
ボヴァリー夫人　クリスマス・キャロル　藤村詩集
ゴリオ爺さん　武器よさらば　白鯨（上・下）

ちくま文庫（分売可）
完訳　グリム童話集（1～7）　グリム童話（上・下）
芥川龍之介全集（1～8）　源氏物語（1～6）
シェイクスピア全集（1～29）
史記（1～8）
資本論を読む（学芸文庫）（全三巻）　三国志（1～7）

資料3　小学校学習指導要領国語（平成二十九年三月）

第1　目標

　言葉による見方・考え方を働かせ、言語活動を通して、国語で正確に理解し適切に表現する資質・能力を次のとおり育成することを目指す。

(1)　日常生活に必要な国語について、その特質を理解し適切に使うことができるようにする。

(2)　日常生活における人との関わりの中で伝え合う力を高め、思考力や想像力を養う。

(3)　言葉がもつよさを認識するとともに、言語感覚を養い、国語の大切さを自覚し、国語を尊重してその能力の向上を図る態度を養う。

第2　各学年の目標及び内容

〔第1学年及び第2学年〕

1　目標

(1)　日常生活に必要な国語の知識や技能を身に付けるとともに、我が国の言語文化に親しんだり理解したりすることができるようにする。

(2)　順序立てて考える力や感じたり想像したりする力を養い、日常生活における人との関わりの中で伝え合う力を高め、自分の思いや考えをもつことができるようにする。

(3)　言葉がもつよさを感じるとともに、楽しんで読書をし、国語を大切にして、思いや考えを伝え合おうとする態度を養う。

2　内容

〔知識及び技能〕

(1)　言葉の特徴や使い方に関する次の事項を身に付けることができるよう指導する。

ア　言葉には、事物の内容を表す働きや、経験したことを伝える働きがあることに気付くこと。

イ　音節と文字との関係、アクセントによる語の意味の違いなどに気付くとともに、姿勢や口形、発声や発音に注意して話すこと。

ウ　長音、拗音、促音、撥音などの表記、助詞の「は」、「へ」及び「を」の使い方、句読点の打ち方、かぎ（「　」）の使い方を理解して文や文章の中で使うこと。また、平仮名及び片仮名を読み、書くとともに、片仮名で書く語の種類を知り、文や文章の中で使うこと。

エ　第1学年においては、別表の学年別漢字配当表（以下「学年別漢字配当表」という。）の第1学年に配当されている漢字を読み、漸次書き、文や文章の中で使うこと。第2学年においては、学年別漢字配当表の第2学年までに配当されている漢字を読むこと。また、第1学年に配当されている漢字を書き、文や文章の中で使うとともに、第2学年に配当されている漢字を漸次書き、文や文章の中で使うこと。

オ　身近なことを表す語句の量を増し、話や文章の中で使うとともに、言葉には意味による語句のまとまりがあることに気付き、語彙を豊かにすること。
カ　文の中における主語と述語との関係に気付くこと。
キ　丁寧な言葉と普通の言葉との違いに気を付けて使うとともに、敬体で書かれた文章に慣れること。
ク　語のまとまりや言葉の響きなどに気を付けて音読すること。
(2)　話や文章に含まれている情報の扱い方に関する次の事項を身に付けることができるよう指導する。
ア　共通、相違、事柄の順序など情報と情報との関係について理解すること。
(3)　我が国の言語文化に関する次の事項を身に付けることができるよう指導する。
ア　昔話や神話・伝承などの読み聞かせを聞くなどして、我が国の伝統的な言語文化に親しむこと。
イ　長く親しまれている言葉遊びを通して、言葉の豊かさに気付くこと。
ウ　書写に関する次の事項を理解し使うこと。
(ア)　姿勢や筆記具の持ち方を正しくして書くこと。
(イ)　点画の書き方や文字の形に注意しながら、筆順に従って丁寧に書くこと。
(ウ)　点画相互の接し方や交わり方、長短や方向などに注意して、文字を正しく書くこと。
エ　読書に親しみ、いろいろな本があることを知ること。

〔思考力、判断力、表現力等〕

A　話すこと・聞くこと

(1)　話すこと・聞くことに関する次の事項を身に付けることができるよう指導する。
ア　身近なことや経験したことなどから話題を決め、伝え合うために必要な事柄を選ぶこと。
イ　相手に伝わるように、行動したことや経験したことに基づいて、話す事柄の順序を考えること。
ウ　伝えたい事柄や相手に応じて、声の大きさや速さなどを工夫すること。
エ　話し手が知らせたいことや自分が聞きたいことを落とさないように集中して聞き、話の内容を捉えて感想をもつこと。
オ　互いの話に関心をもち、相手の発言を受けて話をつなぐこと。
(2)　(1)に示す事項については、例えば、次のような言語活動を通して指導するものとする。
ア　紹介や説明、報告など伝えたいことを話したり、それらを聞いて声に出して確かめたり感想を述べたりする活動。
イ　尋ねたり応答したりするなどして、少人数で話し合う活動。

B　書くこと

(1)　書くことに関する次の事項を身に付けることができるよう指導する。
ア　経験したことや想像したことなどから書くことを見付け、必要な事柄を集めたり確かめたりして、伝えたいことを明確にすること。
イ　自分の思いや考えが明確になるように、事柄の順序に沿って簡単な構成を考えること。
ウ　語と語や文と文との続き方に注意しながら、内容のまとまりが分かるように書き表し方を工夫すること。
エ　文章を読み返す習慣を付けるとともに、間違いを正したり、語と語や文と文との続き方を確かめたりすること。
オ　文章に対する感想を伝え合い、自分の文章の内容や表現のよいところを見付けること。
(2)　(1)に示す事項については、例えば、次のような言語活動を通して指導するものとする。
ア　身近なことや経験したことを報告したり、観察したことを記録したりするなど、見聞きしたことを書く活動。
イ　日記や手紙を書くなど、思ったことや伝えたいことを書く活動。
ウ　簡単な物語をつくるなど、感じたことや想像したことを書く活動。

C　読むこと
(1)　読むことに関する次の事項を身に付けることができるよう指導する。
ア　時間的な順序や事柄の順序などを考えながら、内容の大体を捉えること。
イ　場面の様子や登場人物の行動など、内容の大体を捉えること。
ウ　文章の中の重要な語や文を考えて選び出すこと。
エ　場面の様子に着目して、登場人物の行動を具体的に想像すること。
オ　文章の内容と自分の体験とを結び付けて、感想をもつこと。
カ　文章を読んで感じたことや分かったことを共有すること。
(2)　(1)に示す事項については、例えば、次のような言語活動を通して指導するものとする。
ア　事物の仕組みを説明した文章などを読み、分かったことや考えたことを述べる活動。
イ　読み聞かせを聞いたり物語などを読んだりして、内容や感想などを伝え合ったり、演じたりする活動。
ウ　学校図書館などを利用し、図鑑や科学的なことについて書いた本などを読み、分かったことなどを説明する活動。

〔第3学年及び第4学年〕
1　目標
(1)　日常生活に必要な国語の知識や技能を身に付けるとともに、我が国の言語文化に親しんだり理解したりすることができるようにする。
(2)　筋道立てて考える力や豊かに感じたり想像したりする力を養い、日常生活における人との関わりの中で伝え合う力を高め、自分の思いや考えをまとめることができるようにする。
(3)　言葉がもつよさに気付くとともに、幅広く読書をし、国語を大切にして、思いや考えを伝え合おうとする態度を養う。
2　内容

〔知識及び技能〕

(1) 言葉の特徴や使い方に関する次の事項を身に付けることができるよう指導する。

ア 言葉には、考えたことや思ったことを表す働きがあることに気付くこと。

イ 相手を見て話したり聞いたりするとともに、言葉の抑揚や強弱、間の取り方などに注意して話すこと。

ウ 漢字と仮名を用いた表記、送り仮名の付け方、改行の仕方を理解して文や文章の中で使うとともに、句読点を適切に打つこと。また、第3学年においては、日常使われている簡単な単語について、ローマ字で表記されたものを読み、ローマ字で書くこと。

エ 第3学年及び第4学年の各学年においては、学年別漢字配当表の当該学年までに配当されている漢字を読むこと。また、当該学年の前の学年までに配当されている漢字を書き、文や文章の中で使うとともに、当該学年に配当されている漢字を漸次書き、文や文章の中で使うこと。

オ 様子や行動、気持ちや性格を表す語句の量を増し、話や文章の中で使うとともに、言葉には性質や役割による語句のまとまりがあることを理解し、語彙を豊かにすること。

カ 主語と述語との関係、修飾と被修飾との関係、指示する語句と接続する語句の役割、段落の役割について理解すること。

キ 丁寧な言葉を使うとともに、敬体と常体との違いに注意しながら書くこと。

ク 文章全体の構成や内容の大体を意識しながら音読すること。

(2) 話や文章に含まれている情報の扱い方に関する次の事項を身に付けることができるよう指導する。

ア 考えとそれを支える理由や事例、全体と中心など情報と情報との関係について理解すること。

イ 比較や分類の仕方、必要な語句などの書き留め方、引用の仕方や出典の示し方、辞書や事典の使い方を理解し使うこと。

(3) 我が国の言語文化に関する次の事項を身に付けることができるよう指導する。

ア 易しい文語調の短歌や俳句を音読したり暗唱したりするなどして、言葉の響きやリズムに親しむこと。

イ 長い間使われてきたことわざや慣用句、故事成語などの意味を知り、使うこと。

ウ 漢字が、へんやつくりなどから構成されていることについて理解すること。

エ 書写に関する次の事項を理解し使うこと。

(ア) 文字の組立て方を理解し、形を整えて書くこと。

(イ) 漢字や仮名の大きさ、配列に注意して書くこと。

(ウ) 毛筆を使用して点画の書き方への理解を深め、筆圧などに注意して書くこと。

オ 幅広く読書に親しみ、読書が、必要な知識や情報を得ることに役立つことに気付くこと。

〔思考力、判断力、表現力等〕

A 話すこと・聞くこと

(1) 話すこと・聞くことに関する次の事項を身に付ける

ことができるよう指導する。
ア　目的を意識して、日常生活の中から話題を決め、集めた材料を比較したり分類したりして、伝え合うために必要な事柄を選ぶこと。
イ　相手に伝わるように、理由や事例などを挙げながら、話の中心が明確になるよう話の構成を考えること。
ウ　話の中心や話す場面を意識して、言葉の抑揚や強弱、間の取り方などを工夫すること。
エ　必要なことを記録したり質問したりしながら聞き、話し手が伝えたいことや自分が聞きたいことの中心を捉え、自分の考えをもつこと。
オ　目的や進め方を確認し、司会などの役割を果たしながら話し合い、互いの意見の共通点や相違点に着目して、考えをまとめること。
(2)　(1)に示す事項については、例えば、次のような言語活動を通して指導するものとする。
ア　説明や報告など調べたことを話したり、それらを聞いたりする活動。
イ　質問するなどして情報を集めたり、それらを発表したりする活動。
ウ　互いの考えを伝えるなどして、グループや学級全体で話し合う活動。

B　書くこと
(1)　書くことに関する次の事項を身に付けることができるよう指導する。
ア　相手や目的を意識して、経験したことや想像したことなどから書くことを選び、集めた材料を比較したり分類したりして、伝えたいことを明確にすること。
イ　書く内容の中心を明確にし、内容のまとまりで段落をつくったり、段落相互の関係に注意したりして、文章の構成を考えること。
ウ　自分の考えとそれを支える理由や事例との関係を明確にして、書き表し方を工夫すること。
エ　間違いを正したり、相手や目的を意識した表現になっているかを確かめたりして、文や文章を整えること。
オ　書こうとしたことが明確になっているかなど、文章に対する感想や意見を伝え合い、自分の文章のよいところを見付けること。
(2)　(1)に示す事項については、例えば、次のような言語活動を通して指導するものとする。
ア　調べたことをまとめて報告するなど、事実やそれを基に考えたことを書く活動。
イ　行事の案内やお礼の文章を書くなど、伝えたいことを手紙に書く活動。
ウ　詩や物語をつくるなど、感じたことや想像したことを書く活動。

C　読むこと
(1)　読むことに関する次の事項を身に付けることができるよう指導する。
ア　段落相互の関係に着目しながら、考えとそれを支える理由や事例との関係などについて、叙述を基に捉えること。
イ　登場人物の行動や気持ちなどについて、叙述を基に捉えること。
ウ　目的を意識して、中心となる語や文を見付けて要約すること。
エ　登場人物の気持ちの変化や性格、情景について、場面の移り変わりと結び付けて具体的に想像すること。
オ　文章を読んで理解したことに基づいて、感想や考えをもつこと。
カ　文章を読んで感じたことや考えたことを共有し、一人一人の感じ方などに違いがあることに気付くこと。
(2)　(1)に示す事項については、例えば、次のような言語活動を通して指導するものとする。
ア　記録や報告などの文章を読み、文章の一部を引用して、分かったことや考えたことを説明したり、意見を述べたりする活動。
イ　詩や物語などを読み、内容を説明したり、考えたことなどを伝え合ったりする活動。
ウ　学校図書館などを利用し、事典や図鑑などから情報を得て、分かったことなどをまとめて説明する活動。

〔第5学年及び第6学年〕

1　目標
(1)　日常生活に必要な国語の知識や技能を身に付けるとともに、我が国の言語文化に親しんだり理解したりすることができるようにする。
(2)　筋道立てて考える力や豊かに感じたり想像したりする力を養い、日常生活における人との関わりの中で伝え合う力を高め、自分の思いや考えを広げることができるようにする。
(3)　言葉がもつよさを認識するとともに、進んで読書をし、国語の大切さを自覚して、思いや考えを伝え合おうとする態度を養う。

2　内容
〔知識及び技能〕
(1)　言葉の特徴や使い方に関する次の事項を身に付けることができるよう指導する。
ア　言葉には、相手とのつながりをつくる働きがあることに気付くこと。
イ　話し言葉と書き言葉との違いに気付くこと。
ウ　文や文章の中で漢字と仮名を適切に使い分けるとともに、送り仮名や仮名遣いに注意して正しく書くこと。
エ　第5学年及び第6学年の各学年においては、学年別漢字配当表の当該学年までに配当されている漢字を読むこと。また、当該学年の前の学年までに配当されている漢字を書き、文や文章の中で使うとともに、当該学年に配当されている漢字を漸次書き、文や文章の中で使うこと。
オ　思考に関わる語句の量を増し、話や文章の中で使うとともに、語句と語句との関係、語句の構成や変化について理解し、語彙を豊かにすること。また、語感や言葉の使い方に対する感覚を意識して、語や語句を使うこと。

カ　文の中での語句の係り方や語順、文と文との接続の関係、話や文章の構成や展開、話や文章の種類とその特徴について理解すること。

キ　日常よく使われる敬語を理解し使い慣れること。

ク　比喩や反復などの表現の工夫に気付くこと。

ケ　文章を音読したり朗読したりすること。

(2)　話や文章に含まれている情報の扱い方に関する次の事項を身に付けることができるよう指導する。

ア　原因と結果など情報と情報との関係について理解すること。

イ　情報と情報との関係付けの仕方、図などによる語句と語句との関係の表し方を理解し使うこと。

(3)　我が国の言語文化に関する次の事項を身に付けることができるよう指導する。

ア　親しみやすい古文や漢文、近代以降の文語調の文章を音読するなどして、言葉の響きやリズムに親しむこと。

イ　古典について解説した文章を読んだり作品の内容の大体を知ったりすることを通して、昔の人のものの見方や感じ方を知ること。

ウ　語句の由来などに関心をもつとともに、時間の経過による言葉の変化や世代による言葉の違いに気付き、共通語と方言との違いを理解すること。また仮名及び漢字の由来、特質などについて理解すること。

エ　書写に関する次の事項を理解し使うこと。

(ア)　用紙全体との関係に注意して、文字の大きさや配列などを決めるとともに、書く速さを意識して書くこと。

(イ)　毛筆を使用して、穂先の動きと点画のつながりを意識して書くこと。

(ウ)　目的に応じて使用する筆記具を選び、その特徴を生かして書くこと。

オ　日常的に読書に親しみ、読書が、自分の考えを広げることに役立つことに気付くこと。

〔思考力、判断力、表現力等〕

A　話すこと・聞くこと

(1)　話すこと・聞くことに関する次の事項を身に付けることができるよう指導する。

ア　目的や意図に応じて、日常生活の中から話題を決め、集めた材料を分類したり関係付けたりして、伝え合う内容を検討すること。

イ　話の内容が明確になるように、事実と感想、意見とを区別するなど、話の構成を考えること。

ウ　資料を活用するなどして、自分の考えが伝わるように表現を工夫すること。

エ　話し手の目的や自分が聞こうとする意図に応じて、話の内容を捉え、話し手の考えと比較しながら、自分の考えをまとめること。

オ　互いの立場や意図を明確にしながら計画的に話し合い、考えを広げたりまとめたりすること。

(2)　(1)に示す事項については、例えば、次のような言語活動を通して指導するものとする。

ア　意見や提案など自分の考えを話したり、それらを聞いたりする活動。
イ　インタビューなどをして必要な情報を集めたり、それらを発表したりする活動。
ウ　それぞれの立場から考えを伝えるなどして話し合う活動。

B　書くこと

(1)　書くことに関する次の事項を身に付けることができるよう指導する。
ア　目的や意図に応じて、感じたことや考えたことなどから書くことを選び、集めた材料を分類したり関係付けたりして、伝えたいことを明確にすること。
イ　筋道の通った文章となるように、文章全体の構成や展開を考えること。
ウ　目的や意図に応じて簡単に書いたり詳しく書いたりするとともに、事実と感想、意見とを区別して書いたりするなど、自分の考えが伝わるように書き表し方を工夫すること。
エ　引用したり、図表やグラフなどを用いたりして、自分の考えが伝わるように書き表し方を工夫すること。
オ　文章全体の構成や書き表し方などに着目して、文や文章を整えること。
カ　文章全体の構成や展開が明確になっているかなど、文章に対する感想や意見を伝え合い、自分の文章のよいところを見付けること。

(2)　(1)に示す事項については、例えば、次のような言語活動を通して指導するものとする。
ア　事象を説明したり意見を述べたりするなど、考えたことや伝えたいことを書く活動。
イ　短歌や俳句をつくるなど、感じたことや想像したことを書く活動。
ウ　事実や経験を基に、感じたり考えたりしたことや自分にとっての意味について文章に書く活動。

C　読むこと

(1)　読むことに関する次の事項を身に付けることができるよう指導する。
ア　事実と感想、意見などとの関係を叙述を基に押さえ、文章全体の構成を捉えて要旨を把握すること。
イ　登場人物の相互関係や心情などについて、描写を基に捉えること。
ウ　目的に応じて、文章と図表などを結び付けるなどして必要な情報を見付けたり、論の進め方について考えたりすること。
エ　人物像や物語などの全体像を具体的に想像したり、表現の効果を考えたりすること。
オ　文章を読んで理解したことに基づいて、自分の考えをまとめること。
カ　文章を読んでまとめた意見や感想を共有し、自分の考えを広げること。

(2)　(1)に示す事項については、例えば、次のような言語活動を通して指導するものとする。
ア　説明や解説などの文章を比較するなどして読み、分かったことや考えたことを、話し合ったり文章にまとめたりする活動。

イ　詩や物語、伝記などを読み、内容を説明したり、自分の生き方などについて考えたことを伝え合ったりする活動。

ウ　学校図書館などを利用し、複数の本や新聞などを活用して、調べたり考えたりしたことを報告する活動。

第３　指導計画の作成と内容の取扱い

１　指導計画の作成に当たっては、次の事項に配慮するものとする。

(1)　単元など内容や時間のまとまりを見通して、その中で育む資質・能力の育成に向けて、児童の主体的・対話的で深い学びの実現を図るようにすること。その際、言葉による見方・考え方を働かせ、言語活動を通して、言葉の特徴や使い方などを理解し自分の思いや考えを深める学習の充実を図ること。

(2)　第２の各学年の内容の指導については、必要に応じて当該学年より前の学年において初歩的な形で取り上げたり、その後の学年で程度を高めて取り上げたりするなどして、弾力的に指導すること。

(3)　第２の各学年の内容の〔知識及び技能〕に示す事項については、〔思考力、判断力、表現力等〕に示す事項の指導を通して指導することを基本とし、必要に応じて、特定の事項だけを取り上げて指導したり、それらをまとめて指導したりするなど、指導の効果を高めるよう工夫すること。なお、その際、第１章総則の第２の３の(2)のウの(イ)に掲げる指導を行う場合には、当該指導のねらいを明確にするとともに、単元など内容や時間のまとまりを見通して資質・能力が偏りなく育成されるよう計画的に指導すること。

(4)　第２の各学年の内容の〔思考力、判断力、表現力等〕の「Ａ話すこと・聞くこと」に関する指導については、意図的、計画的に指導する機会が得られるように、第１学年及び第２学年では年間35単位時間程度、第３学年及び第４学年では年間30単位時間程度、第５学年及び第６学年では年間25単位時間程度を配当すること。その際、音声言語のための教材を活用するなどして指導の効果を高めるよう工夫すること。

(5)　第２の各学年の内容の〔思考力、判断力、表現力等〕の「Ｂ書くこと」に関する指導については、第１学年及び第２学年では年間100単位時間程度、第３学年及び第４学年では年間85単位時間程度、第５学年及び第６学年では年間55単位時間程度を配当すること。その際、実際に文章を書く活動をなるべく多くすること。

(6)　第２の第１学年及び第２学年の内容の〔知識及び技能〕の(3)のエ、第３学年及び第４学年、第５学年及び第６学年の内容の〔知識及び技能〕の(3)のオ及び各学年の内容の〔思考力、判断力、表現力等〕の「Ｃ読むこと」に関する指導については、読書意欲を高め、日常生活において読書活動を活発に行うようにするとともに、他教科等の学習における読書の指導や学校図書館における指導との関連を考えて行うこと。

(7)　低学年においては、第１章総則の第２の４の(1)を踏まえ、他教科等との関連を積極的に図り、指導の効果を高めるようにするとともに、幼稚園教育要領等に示す幼児期の終わりまでに育ってほしい姿との関連を考慮すること。特に、小学校入学当初においては、生活科を中心とした合科的・関連的な指導や、弾力的な時間割の設定を行うなどの工夫をすること。

(8) 言語能力の向上を図る観点から、外国語活動及び外国語科など他教科等との関連を積極的に図り、指導の効果を高めるようにすること。

(9) 障害のある児童などについては、学習活動を行う場合に生じる困難さに応じた指導内容や指導方法の工夫を計画的、組織的に行うこと。

(10) 第1章総則の第1の2の(2)に示す道徳教育の目標に基づき、道徳科などとの関連を考慮しながら、第3章特別の教科道徳の第2に示す内容について、国語科の特質に応じて適切な指導をすること。

2 第2の内容の取扱いについては、次の事項に配慮するものとする。

(1) 〔知識及び技能〕に示す事項については、次のとおり取り扱うこと。

ア 日常の言語活動を振り返ることなどを通して、児童が、実際に話したり聞いたり書いたり読んだりする場面を意識できるよう指導を工夫すること。

イ 表現したり理解したりするために必要な文字や語句については、辞書や事典を利用して調べる活動を取り入れるなど、調べる習慣が身に付くようにすること。

ウ 第3学年におけるローマ字の指導に当たっては、第5章総合的な学習の時間の第3の2の(3)に示す、コンピュータで文字を入力するなどの学習の基盤として必要となる情報手段の基本的な操作を習得し、児童が情報や情報手段を主体的に選択し活用できるよう配慮することとの関連が図られるようにすること。

エ 漢字の指導については、第2の内容に定めるほか、次のとおり取り扱うこと。

(ア) 学年ごとに配当されている漢字は、児童の学習負担に配慮しつつ、必要に応じて、当該学年以前の学年又は当該学年以降の学年において指導することもできること。

(イ) 当該学年より後の学年に配当されている漢字及びそれ以外の漢字については、振り仮名を付けるなど、児童の学習負担に配慮しつつ提示することができること。

(ウ) 他教科等の学習において必要となる漢字については、当該教科等と関連付けて指導するなど、その確実な定着が図られるよう指導を工夫すること。

(エ) 漢字の指導においては、学年別漢字配当表に示す漢字の字体を標準とすること。

オ 各学年の(3)のア及びイに関する指導については、各学年で行い、古典に親しめるよう配慮すること。

カ 書写の指導については、第2の内容に定めるほか、次のとおり取り扱うこと。

(ア) 文字を正しく整えて書くことができるようにするとともに、書写の能力を学習や生活に役立てる態度を育てるよう配慮すること。

(イ) 硬筆を使用する書写の指導は各学年で行うこと。

(ウ) 毛筆を使用する書写の指導は第3学年以上の各学年で行い、各学年年間30単位時間程度を配当するとともに、毛筆を使用する書写の指導は硬筆による書写の能力の基礎を養うよう指導すること。

(エ) 第1学年及び第2学年の(3)のウの(イ)の指導については、適切に運筆する能力の向上につながるよう、指導を工夫すること。

(2) 第2の内容の指導に当たっては、児童がコンピュータや情報通信ネットワークを積極的に活用する機会を設けるなどして、指導の効果を高めるよう工夫すること。

(3) 第2の内容の指導に当たっては、学校図書館などを目的をもって計画的に利用しその機能の活用を図るようにすること。その際、本などの種類や配置、探し方について指導するなど、児童が必要な本などを選ぶことができるよう配慮すること。なお、児童が読む図書については、人間形成のため偏りがないよう配慮して選定すること。

3 教材については、次の事項に留意するものとする。

(1) 教材は、第2の各学年の目標及び内容に示す資質・能力を偏りなく養うことや読書に親しむ態度の育成を通して読書習慣を形成することをねらいとし、児童の発達の段階に即して適切な話題や題材を精選して調和的に取り上げること。また、第2の各学年の内容の〔思考力、判断力、表現力等〕の「A話すこと・聞くこと」、「B書くこと」及び「C読むこと」のそれぞれの(2)に掲げる言語活動が十分行われるよう教材を選定すること。

(2) 教材は、次のような観点に配慮して取り上げること。

ア 国語に対する関心を高め、国語を尊重する態度を育てるのに役立つこと。

イ 伝え合う力、思考力や想像力及び言語感覚を養うのに役立つこと。

ウ 公正かつ適切に判断する能力や態度を育てるのに役立つこと。

エ 科学的、論理的に物事を捉え考察し、視野を広げるのに役立つこと。

オ 生活を明るくし、強く正しく生きる意志を育てるのに役立つこと。

カ 生命を尊重し、他人を思いやる心を育てるのに役立つこと。

キ 自然を愛し、美しいものに感動する心を育てるのに役立つこと。

ク 我が国の伝統と文化に対する理解と愛情を育てるのに役立つこと。

ケ 日本人としての自覚をもって国を愛し、国家、社会の発展を願う態度を育てるのに役立つこと。

コ 世界の風土や文化などを理解し、国際協調の精神を養うのに役立つこと。

(3) 第2の各学年の内容の〔思考力、判断力、表現力等〕の「C読むこと」の教材については、各学年で説明的な文章や文学的な文章などの文章形態を調和的に

取り扱うこと。また、説明的な文章については、適宜、図表や写真などを含むものを取り上げること。（別表略）

索　引

（五十音順　太数字は主要記述ページを示す）

執筆者一覧

【著者】
市毛　勝雄
埼玉大学名誉教授

小川　智勢子
埼玉県三郷市立吹上小学校・
三郷市教科等指導協力員

國府田　祐子
松本大学教育学部准教授

篠原　京子
常葉大学保育学部准教授

西山　悦子
東京都台東区立東泉小学校主幹教諭

増田　泉
新島学園短期大学専任講師

【編著者】
長谷川　祥子
青山学院大学教育人間科学部准教授

【編著者紹介】

長谷川　祥子（はせがわ　さちこ）

1987年埼玉大学教育学部卒業，2006年早稲田大学大学院教育学研究科博士後期課程満期修了。1987年都立足立ろう学校教諭，1991年北区立堀船中学校教諭，1999年新宿区立牛込第二中学校教諭，2006年東京都教育委員会指導主事，2011年豊島区立豊成小学校副校長，2013年北海道教育大学，2017年より青山学院大学勤務。

〈著　書〉

『小学校国語科　論理的文章を書く力を育てる書き方指導』（2017），『中学校新国語科　系統的指導で論理的思考力＆表現力を鍛える授業アイデア24』（2012），『論理的思考力を育てる授業の開発　中学校編』（2003），いずれも明治図書。

〈共　著〉

『実践言語技術教育シリーズ　中学校文学教材編３　１年「オツベルと象」の言語技術教育』（1997），『言語技術を生かした新国語科授業　中学校編４　３年の説明文教材「障子の破れに学ぶもの」「金星大気の教えるもの」』（1998），『論理的思考力を育てるドリル第１，２集』（2002），『検定外・力がつく日本言語技術教科書』全12巻（2005），いずれも明治図書。

はじめて学ぶ人のための国語科教育学概説　小学校

2018年６月初版第１刷刊　©編著者　長　谷　川　祥　子
2022年４月初版第３刷刊　発行者　藤　原　光　政
発行所　明治図書出版株式会社
http://www.meijitosho.co.jp
（企画）林　知里（校正）井草正孝
〒114-0023　東京都北区滝野川7-46-1
振替00160-5-151318　電話03(5907)6703
ご注文窓口　電話03(5907)6668

＊検印省略　組版所　株式会社アイデスク

Printed in Japan　ISBN978-4-18-215752-3